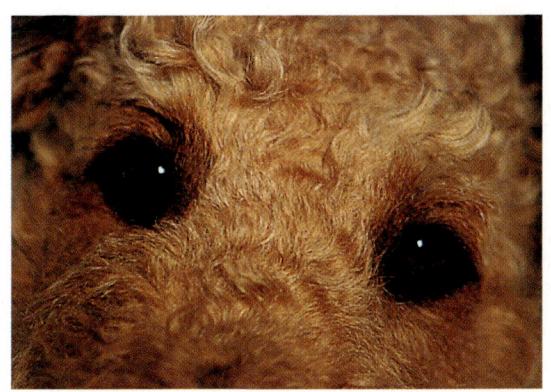

Angela Wegmann

Wenn mein Hund nicht hören will

Praktische Hilfe bei Verhaltensproblemen

INTERESSANTE THEMEN IM ÜBERBLICK

Einführung

Es gibt viele Arten sich mit Tieren zu beschäftigen. Für mich ist eine der schönsten, die Tiere in ihrem natürlichen Verhalten zu beobachten. Stundenlang könnte ich zuschauen, wenn meine sechs Hunde über die Wiesen tollen, anderen Hunden begegnen oder ohne menschliche Einmischung ein Problem lösen. Aber das Leben besteht ja leider nicht nur aus fröhlichem Spielen. Im Zusammenleben von Mensch und Hund müssen von beiden Seiten viele Regeln eingehalten werden, damit alle Beteiligten und die Umwelt zufrieden sein können. Da der Mensch sich bis zu einem gewissen Grad in einen Hund hineinversetzen kann, aber umgekehrt der Hund nur in seiner Hundewelt lebt, liegt es am Menschen, möglichst viel über seinen vierbeinigen Gefährten zu wissen. Seit einiger Zeit hat sich ein Zweig der Ethologie (Verhaltensforschung) verstärkt der Tierpsychologie zugewandt. Im Gegensatz zur Ethologie, die inzwischen vorwiegend physiologisch ausgerichtet ist und sich meist summarisch mit einer ganzen Tierart beschäftigt, sieht die Tierpsychologie im Tier nicht nur einen »Forschungsgegenstand«, sondern das unverwechselbare Individuum. Die Tierpsychologie versucht, das einzelne Tier in seinem Fühlen und Verhalten zu verstehen. Nach einer Definition von Heini Hediger, einem der wichtigsten Tierpsychologen unseres Jahrhunderts, ist die Tierpsychologie Verhaltensforschung plus einfühlendes Verstehen.

Das Tier wird zur Persönlichkeit, freilich ohne daß man es vermenschlicht. Die neuere Forschung bestärkt mich aber in meiner Meinung, daß man speziell den höher entwickelten Tieren durchaus ein Bewußtsein zusprechen sollte. Man darf dabei nur nicht den Fehler machen, den Menschen als Maß aller Dinge zu nehmen. Anscheinend sind nur Menschenaffen in der Lage, sich im Spiegel selbst zu erkennen und haben deshalb Chancen, in den Olymp der Denker aufgenommen zu werden. Was ist aber mit unseren Hunden, die ohne Zweifel nicht in einer optischen, sondern überwiegend in einer Geruchswelt leben, die der Mensch sowenig versteht, daß er sie nicht einmal genau sprachlich bezeichnen kann und von einem Geruchs-»Bild« spricht?

Die genaue Kenntnis des normalen oder durchschnittlichen Verhaltens eines einzelnen Tieres oder einer kleineren Gruppe ist die Basis für das Hauptbetätigungsfeld des Tierpsychologen: das Erkennen von persönlichen Eigenarten und die Behandlung von abnormen Verhaltensmustern. Wichtig ist dabei, die Gesetze des Lernens genau zu kennen. Nur so kann man Verhalten verstehen und auch eventuell ändern.

Dieser kleine Leitfaden soll dem Leser einen Überblick über die wichtigsten theoretischen Kenntnisse geben und vor allem praktische Anleitungen, wie problematisches Verhalten positiv beeinflußt, beseitigt oder noch besser vermieden werden kann.

Zahlreiche Fallbeispiele aus meiner therapeutischen Praxis (durch ein farbiges Piktogramm gekennzeichnet) erleichtern die richtige Diagnose und Therapie des am eigenen Hund beobachteten Fehlverhaltens.

Gewidmet meiner Mutter, die nicht selten unter meinen »Problem-Kindern« zu leiden hat.

Die Entwicklungs- psychologie des Hundes

Von dem Moment an, in dem ein Hund Teil seiner Umwelt wird, fängt er an zu lernen. Lorenz und Trumler haben nach gründlichen Forschungen die Entwicklung des Hundes in verschiedene Phasen eingeteilt. Wichtig ist, daß jede Phase bestimmte Lernmöglich- keiten für die Entwicklung des jungen Hundes beinhaltet und daß es sogenannte sensible Pha- sen gibt, die unwiederbringliche Förderungsmöglichkeiten bieten. Werden sie verschenkt, können sie nie mehr nachgeholt werden. Stichwort: Prägung. Im folgenden sollen die einzelnen Phasen be- sonders im Hinblick auf mögliche Fehlentwicklungen, die gleich oder später zu problematischem Verhalten führen können, kurz beschrieben werden.

Die Entwicklungsphasen des Hundes

- ➤ vegetative Phase (1.–2. Woche)
- ➤ Prägungsphase (3.–7. Woche)
- ➤ Sozialisierungsphase (8.–12. Woche)
- ➤ Rangordnungsphase (13.–16. Woche)
- ➤ Rudelordnungsphase (5.–6. Monat)
- ➤ Pubertätsphase (7.–10. Monat)
- ➤ Erwachsenenphase (Beginn etwa mit 11 Monaten)
- ➤ Altersphase (ab etwa 8 Jahren, rassespezifisch)

➤ Die vegetative Phase (1.–2. Woche)

Solange die Umweltbedingungen in diesen ersten beiden Wochen nicht extrem negativ sind, ge- schieht mit dem Welpen noch nicht sehr viel. Er folgt seinem angeborenen Instinkt, bleibt fast ständig dicht bei der Mutter, schläft und trinkt.

Legt die Mutter normales Sozial- verhalten an den Tag, wärmt, nährt und pflegt sie den Welpen liebevoll, sind von dieser Seite schon einmal gute Voraussetzun- gen für eine normale Entwicklung gegeben. Wichtig sind natürlich auch die Erbanlagen.

➤ Die Prägungsphase (3.–7. Woche)

Die Welpen fangen an, das Lager zu verlassen. Nun beginnt das Junge die Welt zu erforschen und erfahren. Diese Phase dürfte die wichtigste im Leben des jungen Hundes überhaupt sein.

Wenn der Hund zum guten Ka- meraden des Menschen werden soll, müssen jetzt die Umwelt- einflüsse (die neben der Verer- bung das spätere Verhalten prä- gen) gesteuert werden. Vor allen Dingen wenn der Hund zum umgänglichen Familienmitglied werden soll, ist es jetzt wichtig, daß der Kleine so viele verschie- dene Menschen wie möglich im Guten kennenlernt. Es ist nicht ausreichend, wenn sich nur der Züchter um die Welpen kümmert. Es kann sonst leicht geschehen,

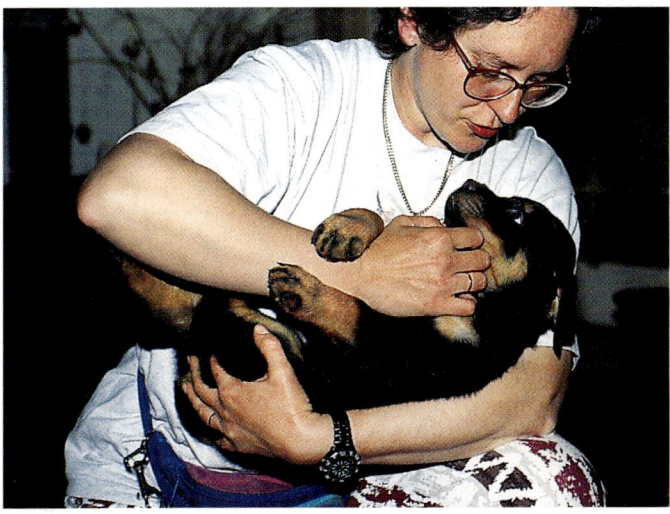

Der vertrauensvolle Umgang mit Menschen ist in der Prägungszeit äußerst wichtig. (Rottweiler-Welpe)

daß die jungen Hunde später nur diese eine Person wirklich anerkennen, oder nur Männer (wenn der Züchter ein Mann war) beziehungsweise Frauen (Züchterin). Hundeerfahrene Kinder sollten unter Aufsicht viel Umgang mit den Welpen haben. Aber nicht nur Menschen, sondern auch andere Tierarten und die gesamte Umwelt müssen zum positiven Lernelement für die jungen Hunde werden. Je mehr man ihnen Gelegenheit gibt, eine vielfältige Umwelt zu erfahren, ohne daß es zu Schockerlebnissen kommt, um so besser. Wenn Ihnen die Welpen bei einem Züchter vertrauensvoll entgegentollen und Sie sehen eine Menge verschiedenes Spielzeug, vielleicht sogar einen Tunnel, eine kleine Faßbrücke oder Ähnliches und verschiedene Bodenbeschaffenheiten (Erde, Kies, ein liegendes Wellblech oder Gitter usw.), dann sind sie mit Sicherheit nicht an der falschen Adresse. Es gibt sicherlich viele Hunde, die ohne diese positiven Umstände zu guten Kameraden werden. Aber das bereits beim Züchter zu erkennen, ist manchmal nicht einmal für Fachleute einfach.

➤ Die Sozialisierungsphase (8.–12. Woche)

Die meisten Welpen werden in dieser Zeit an ihre endgültigen Besitzer abgegeben. Sie können solch einem Zwerg nichts besseres angedeihen lassen, als sich besonders viel mit ihm zu beschäftigen und eine gut organisierte Welpenspielstunde zu besuchen. Denn zwischen der 8. und 12. Woche entwickelt der junge Hund vor allem Sinn für Gemeinschaft.

Bei Wölfen und Wildhunden sorgt in dieser Zeit der Rüde für strenge Erziehung. Vergessen Sie das nicht, wenn sich ihr kleiner Tolpatsch wieder einmal mit kugelrunden Unschuldsaugen durchsetzen will. Aber denken Sie daran, daß sie es mit einem Baby zu tun haben. Beharren sie auf ihre Autorität, aber bitte liebevoll, wenn sie nicht wollen, daß ihr Hund später nur aus Unterwürfigkeit gehorcht und nicht freudig, so wie es sein sollte.

Im gruppenbindenden Spiel kann jetzt die Bereitschaft zur Unterordnung gefördert werden. Vor allem wenn Sie Ihren Hund mit anderen gut sozialisierten Hunden spielen lassen, werden sie schnell merken, daß die Hunde nicht zimperlich miteinander umgehen. Greifen sie nicht ein. Ihr Hund lernt gerade seine Chancen und Grenzen und das kleine Einmaleins des gesitteten Hundebenehmens.

Wichtig ist die Begegnung mit Menschen **und** Hunden, damit der Hund lernt mit beiden auszukommen. Überlassen sie ihn in dieser Zeit nur der Obhut anderer Hunde, ob alt oder jung, kann es ihnen geschehen, daß ihr Junger später zwar mit Hunden sehr gut zurecht kommt, aber Schwierigkeiten mit Menschen hat und umgekehrt. Das kann soweit gehen, daß ihr Hund nicht einmal zu Ihnen eine richtige Bindung

In der Welpenspielstunde lernen Hunde den richtigen Umgang miteinander: Ein Kleinspitz-Welpe verliert zum Beispiel die Angst vor einem jungen Schäferhund.

entwickelt und sich lieber mit Seinesgleichen beschäftigt.

Diese Gefahr besteht auch, wenn Sie sich zwei oder gar mehr Welpen aus einem Wurf zusammen nehmen. Versäumen Sie es dann nicht, sich genügend lange mit jedem Hund einzeln zu beschäftigen.

➤ Die Rangordnungs- phase (13.–16. Woche)

Trotz rassebedingter Unterschiede ist jeder Hund ein Rudeltier. (Es gibt allerdings Rassen, die man als Ein-Mann-Hunde bezeichnet, die als Familienhunde ungeeignet sind, zum Beispiel der Chow-Chow). Zwar neigen manche Hunderassen auf Grund ihrer ererbten Arbeitsdisposition eher zu Selbstständigkeit (zum Beispiel Wind-, Meute-, Schlitten- und Hirtenhunde – nicht zu verwechseln mit den Hütehunden! Mehr dazu auf S. 61f.), aber die Grundbegriffe des Zusammenlebens beherrscht jeder normale Hund. Zwischen der 13. und 16. Woche reift vor allem dieses Sozialverhalten weiter aus.

Der Mensch hat in dieser Phase die Chance, seine Stellung als »Leithund« zu festigen. Je mehr das durch psychische und nicht durch physische Überlegenheit geschieht, desto freudiger wird der Hund folgen und desto mehr Vertrauen wird er in seinen Herrn setzen. Bei fast jedem Hund kommt eine Zeit, in der er mehr oder weniger stark versucht, seinen Kopf durchzusetzen.

Wenn dann das Vertrauen da ist, kann sich der Mensch auch einmal äußerst energisch durchsetzen, ohne daß die Mensch-Hund-Beziehung ernstlich gestört wird.

➤ Die Rudelordnungs- phase (5.–6. Monat)

Spielerisches Aufreiten im Welpenalter hat etwas mit Dominanz und nicht mit Sexualität zu tun.

Ein junger Wolf müßte jetzt die komplizierten Regeln der Großwildjagd erlernen. Der Ablauf der einfacheren Kleintierjagd war ihm weitgehend angeboren. Die Zeit des nur spielerischen Erkundens ist vorbei. Wenn das Rudel überleben will, muß jedes Mitglied seinen Platz und seine Rolle bei der Großwildjagd kennen. Der Ernst des Lebens beginnt.

Drei Dinge treten im Leben des jungen Wolfes in den Vordergrund: unbedingte Disziplin, Kooperartionsbereitschaft und bedingungslose Anerkennung eines erfahrenen Anführers. Diese ererbte Entwicklungsdisposition muß sich der Mensch zu Nutze machen. Der Hund ist lernbereit wie kaum zu einer anderen Zeit. Es ist ein leider immer noch weit

verbreitetes Ammenmärchen, daß man mit der Erziehung des Hundes nicht vor einem Alter von einem Jahr beginnen soll. Man muß sich nur auf die Verhältnisse einstellen und das Programm »kindgerecht« gestalten. Warum wertvolle Zeit verschenken?

Im Gegenteil – ich habe in meiner Praxis immer wieder Fälle erlebt, bei denen der Hund ein Jahr lang praktisch antiautoritär gehalten worden war, und dann der Berg der Probleme nur noch schwer in den Griff zu bekommen war. Einige selbstbewußte Hunde entwickelten eine ausgeprägte Dominanz auch gegenüber dem Besitzer oder der Hund war zu einem eingefleischten Jäger von Radfahrern geworden.

➤ Die Pubertätsphase (7.–10. Monat)

Obwohl sich im Zusammenleben mit dem Menschen im Prinzip nicht viel Neues tut, hat diese Zeit, nicht anders als in der menschlichen Familie, ihre Tücken. Es beginnt damit, daß die

Hündin zum erstenmal läufig wird und der Rüde sich anstellt das Bein zu heben. Während die äußeren Zeichen bei der Hündin deutlich sind, kann es beim Rüden durchaus sein, daß er zwar zeugungsfähig ist, aber immer noch nicht das Bein hebt. Man muß sich deswegen keine Sorgen machen. Ich habe das Gefühl, daß es geradezu die Ehre mancher Hundebesitzer trifft, wenn ihr vierbeiniger Filius sich Zeit läßt und seine Männlichkeit nicht durch ein hoch erhobenes Bein unter Beweis stellt.

Tatsächlich hat das wenig über das Wesen des Hundes zu sagen. Ich kenne viele durchaus selbstbewußte und energische Gebrauchshunde-Rüden, die in bezug auf das Beinheben ihr Leben lang eher nachlässig waren. Viel wichtiger ist es zu wissen, daß sehr viele Hunde in der Pubertät scheinbar grundlos ihr Wesen verändern. Da kann es im Extremfall sein, daß ein frecher und vor rücksichtsloser Unternehmungslust strotzender Junghund plötzlich zurückhaltend wird. Ein anderer, der bis jetzt mit allen vier Pfoten fest im Leben stand, erschrickt vor seinem eigenen Schatten.

Die meisten Hunde scheinen das bisher Gelernte vergessen zu haben und werden unzuverlässig im Gehorchen. Vor allem ist jetzt natürlich auch das sexuelle Interesse erwacht und das ist bei den meisten Hunden äußerst ausgeprägt. Kaum ein Rüde kann

Die ernsthafte Erziehung muß früh beginnen. Hier ein junger Husky bei Gehorsamsübungen.

einer gut duftenden Hündin widerstehen. Er wird jetzt anfangen Neigungen zum Ausbrechen zu zeigen, wenn er den entsprechenden Geruch in die Nase bekommt. Und es gibt die selbstbewußten Kandidaten, die spätestens jetzt mehr oder weniger ernsthaft versuchen, ihren Kopf durchzusetzen und das Ruder zu übernehmen.

Während in diesem Alter plötzlich auftretende Unsicherheit, Ängstlichkeit und eine gewisse Sturheit noch nicht Anlaß zur Panik sein müssen, sind übermäßiges sexuelles Interesse und vor allem Dominanzverhalten durchaus ernst zu nehmende Probleme, die sich auf keinen Fall von selbst wieder geben. Hier gilt es schon jetzt durchzugreifen und unerschütterlich konsequent zu sein.

➤ Der erwachsene Hund (ab 11. Monat)

Die meisten Besitzer bringen die Welpen- und Junghundezeit noch einigermaßen gut über die Runden. Wenn hier aber nicht alles gestimmt hat, fangen spätestens jetzt die Probleme an, ernst zu werden oder die Besitzer nehmen sie erst ernst, was noch viel schlimmer ist. Jeder Hund entwickelt sich Zeit seines Lebens, aber es gibt ein bestimmtes Alter (in der Regel um das zweite Lebensjahr), ab dem Hunde sich

Frühentwickler, während der Rottweiler vor seinem zweiten Lebensjahr noch relativ kindlich wirkt. Gerade bei dieser Rasse muß ich es immer wieder erleben, wie schon Welpen und Junghunde Anzeichen von ernstem Dominanzverhalten zeigen, die mit dem Hinweis auf das zarte Alter des Tieres von den Besitzern verharmlost werden. Was

Früchte ernten, die wir in der Aufzucht gesät haben. Im Wolfsrudel wird weder ein zu schwacher noch ein zu brutaler Führer anerkannt. Nehmen wir uns das als Vorbild und versuchen wir, dem Hund immer in liebevoller Konsequenz gegenüberzutreten. Dann werden die meisten in diesem Buch beschriebenen Probleme gar nicht erst auftreten.

Gehorsamsübungen in der Gruppe sind in jedem Alter sinnvoll. Junde Hunde lassen sich aber leichter ablenken.

von ihrer Umwelt ein bestimmtes Bild gemacht zu haben scheinen, das ihr Verhalten prägt. Nicht zuletzt ist dies auch rasseabhängig. Kleinhunde sind meist Schnellstarter, die schon mit einem Jahr ausgereifte Persönlichkeiten sein können.
Die sehr großen Rassen (zum Beispiel Neufundländer und Doggen) sind ausgesprochene Spätentwickler. Bei den großen Rassen ist zum Beispiel der Deutsche Schäferhund eher ein

wird, wenn sich der Hund schon jetzt, weder körperlich noch geistig gefestigt, durchsetzen kann? Wie geht man mit einem 50 kg schweren Rottweilerrüden um, der im wahrsten Sinne des Wortes »seine« oder alle Menschen als Untertanen eingestuft hat? Wie wir noch sehen werden, gibt es auch dann noch Wege, aber sie sind langwierig und unter Umständen nervenaufreibend (siehe S. 48). Im Erwachsenenalter des Hundes werden wir die

Wie lernt und verlernt ein Hund

Kein Lebewesen kann überleben, wenn es nicht in der Lage ist dazuzulernen. Dies scheint nach neuesten Forschungsergebnissen bis zu einem gewissen Grad sogar niederen Tieren möglich zu sein. Die meisten Hunde lernen schnell und gerne, oft ohne daß es dem Mensch immer bewußt wird wie. Viele problematischen

Verhaltensweisen basieren auf solchen Lernvorgängen. Es ist ein Grundsatz der Verhaltenstherapie, daß man ein Verhalten nur dann ändern kann, wenn man seine Ursache genau kennt. Dafür muß man den Weg der Entstehung des Verhaltens rückwärts verfolgen können. Ohne die grundlegenden Gesetze der Lerntheorie zu kennen, ist das nicht möglich. Im folgenden werden in einfachen Worten die wichtigsten Konzepte vorgestellt.

➤ Konditionierung (Pawlows Hunde und Lernen am Erfolg)

Definitionsgemäß ist die Konditionierung ein Sammelbegriff für experimentelle Verfahren, in deren Verlauf eine Verhaltensweise oder eine andere Reaktion von bestimmten Bedingungen abhängig wird. Bekanntestes Beispiel sind Pawlows Hunde. Pawlow, ein russischer Physiologe, der 1904 für seine Arbeit den Nobelpreis für Medizin erhielt, wurde vor allem durch seine Hunde berühmt. Zunächst hatte er die Speichelabsonderung von Hunden beim Verlangen nach Nahrung gemessen.

Im nächsten Schritt ließ Pawlow jedesmal genau in dem Moment, in dem die Hunde gefüttert wurden, ein Klingelzeichen ertönen. Nach einer gewissen Zeit zeigte sich, daß nur der Klang des Klingelzeichens ohne Futtergabe ausreichte, um bei den Hunden Speichelabsonderung zu erzeu-

Gut sozialisierte Tiere halten untereinander die Hunde-Umgangsregeln ein. Hier kontrolliert eine Hündin das Anal-»Gesicht« eines fremden Hundes.

gen, als ob Futter da wäre. Das Klingeln alleine wurde zum Signalreiz, der die dazugehörige Reaktion (Speichelabsonderung) auslöste. Es ist ein sogenannter bedingter Reflex entstanden. Diesen Vorgang nennt man **klassische Konditionierung oder bedingte Reaktion.**

Man kann sich kaum vorstellen, wieviel Reize ein Hund aufnimmt, von denen die Menschen nichts bemerken. Wie leicht stellt sich hier auch eine unerwünschte bedingte Reaktion ein! Unter Umständen bedarf es auch gar nicht

vieler Wiederholungen, um das Verhalten zu festigen.

BEISPIEL Stellen Sie sich vor, ein bislang sicherer und lärmunempfindlicher Hund wird auf der Straße geführt. Nun geschieht es, daß in dem Moment, in dem ein Lastwagen genau neben dem Hund eine knallende Fehlzündung produziert, der Hund eine starke unangenehme Einwirkung erfährt. Zum Beispiel könnte ein an eine Hauswand gelehnter Bretterstapel just in diesem Moment auf den Hund herabfallen. So geschehen dem vierjährigen

Boxer Amor, der den Schmerz und den Schock nicht mit den Brettern in Verbindung brachte, sondern mit dem lauten Motorengeräusch. Hier reichte ein einziges Erlebnis, um den Hund für lange Zeit schreckhaft auf knallartige Geräusche reagieren zu lassen.

Oder ein Hund wird öfter vom Briefträger »geärgert«, indem sich der Amtsinhaber erdreistet, ohne die »Formalitäten« einzuhalten, das Territorium des Hundes zu betreten, um in aller Eile einen Brief zuzustellen. Es gibt Hunde, die ihre Aversion gegen Briefträger nicht nur auf die häusliche Situation beschränken, sondern alle Uniformträger in jeder Situation auf ihre Abschußliste setzen. In diesem Fall ist die Uniform zum Signalreiz geworden.

Im Gegensatz zur klassischen Konditionierung, bei der ein Hund praktisch unfreiwillig lernt, steht die **operante oder auch instrumentelle Konditionierung**. Hier findet eine sogenannte bedingte Aktion statt. Im Unterschied zur klassischen Konditionierung wird dabei nicht ein neuer Reiz (der zum Signalreiz wird) an eine bereits vorhandene Reaktion gebunden, sondern eine neue, gewünschte Bewegung (Reaktion) mit der Verminderung eines Bedürfnisses (zum Beispiel dem Stillen von Hunger) in Verbindung gebracht. Die meisten Abrichtemethoden, nicht nur bei Hunden, funktionieren nach dem Prinzip der instrumentellen Konditionie-

Nach der Unterrichtsstunde ist auch freies Spiel der Hunde miteinander eine schöne Belohnung.

rung, die man mitunter auch »Lernen am Erfolg« bezeichnet. Führt der Hund diesen oder jenen Befehl aus, erhält er einen Futterbrocken oder er darf mit seinem Lieblingsspielzeug herumtollen. Bei manchen besonders agilen Hunden reicht sogar schon das bloße Spiel ohne einen Gegenstand aus, um sie glücklich zu machen. Diese Lernmethode ist sicherlich eine der einfachsten, wenn man folgende Grundsätze beachtet:

> ### Die Regeln für richtige Konditionierung (Lernen am Erfolg)
>
> ▶ schnelle Belohnung unmittelbar nach der Reaktion
> ▶ äußerst reizvolle Belohnung
> ▶ zuverlässige Belohnung

Die Belohnung muß unmittelbar nach der Reaktion erfolgen. Je schneller man nach einer Reaktion belohnt desto besser. Die Erfahrung zeigt, daß es bei vielen Hundebesitzern schon an dieser scheinbar recht einfachen Sache hapert. Richtige Hundeerziehung ist auch eine Konzentrationssache. Nur wenn man hundertprozentig bei der Sache ist, kann man schnell genug reagieren. Befehl – Reaktion-des-Hundes – Belohnung: Das muß ein durchlaufender Vorgang ohne Unterbrechung sein. **Die Belohnung muß für den Hund außergewöhnlich reizvoll sein.** Ein satter Hund wird sich kaum durch Futter motivieren lassen. Ebensowenig ein müder durch Spiel oder Bewegung. Wichtig ist zunächst einmal herauszufinden, auf was der eigene Hund am besten anspricht. Zuwendung zum Beispiel in Form von Streicheln, Bewegung, Futter, ein Spielzeug – wenn ja welches? Wer die Vorlieben seines Hundes nicht genau kennt, ist zunächst einmal auf Experimentieren angewiesen. Je mehr der Hund Verlangen zeigt, desto leichter wird er dafür auch etwas tun.

Die Reaktion des Hundes auf unsere Wünsche muß immer belohnt werden. **Unzuverlässige Belohnung** verunsichert den Hund und macht ihn genauso wechselhaft wie sein Herrchen. Was ist so verwerflich daran, immer ein Bröckchen Futter in der Tasche zu haben? Nicht nur auf dem Übungsplatz!

Immer wieder höre ich das Gegenargument: »Mein Hund soll schließlich nicht nur zu mir kommen, weil er Futter bekommt.« Liebe geht nicht nur bei Hunden durch den Magen. Ich halte seit über 20 Jahren Hunde. Alle sind sie in vielen Bereichen voll ausgebildet. Trotzdem könnte meine Mutter nur ganz selten aus Versehen meine Jacke statt ihrer anziehen. Beide sind sie gleich, in meinen Taschen jedoch sind immer Futterbrocken. Diese behalte ich mir freilich für außergewöhnlichen Gehorsam vor. Vor allem in der Grunderziehung wirkt das Wunder.

Der Griff in das Nackenfell des Hundes ist eine natürliche Art der Einwirkung und ahmt den Nackengriff der Hundemutter beim Bestrafen der Welpen nach.

➤ Belohnung und Bestrafung

Strafen nach Maß
➤ weder übermäßig hart noch halbherzig strafen
➤ möglichst keine Körperstrafen (physische Einwirkung) anwenden
➤ beste Bestrafung: Ausbleiben von Belohnung
➤ unmittelbar und blitzschnell eingreifen
➤ nicht nachtragend sein!
➤ keinen Vertrauensbruch dem Hund gegenüber begehen

Mit diesen beiden Elementen gekonnt und wirksam umzugehen, gehört vor allem für den Anfänger mit zu den schwierigsten Aspekten der Hundeerziehung. Im vorigen Abschnitt habe ich schon einige Probleme mit der richtigen Belohnung angesprochen. Noch problematischer ist für viele Hundehalter die richtige und angemessene Form der Bestrafung. Oft findet man die beiden Extreme in Reinform. Entweder der Hundeerzieher ist übermäßig hart und wendet oft Körperstrafen an, oder, was öfter vorkommt, man kann nicht das nötige Durchsetzungsvermögen aufbringen, straft halbherzig und unregelmäßig in Bezug auf das gleiche Fehlverhalten.

Dem Terminus »Bestrafung« haftet zweifellos ein brutal angehauchter Beigeschmack an. Um es klar zu sagen: Im Idealfall ist die einzige Bestrafung nur ein Ausbleiben von Belohnung. Wird eine Reaktion nicht verstärkt, bleibt sie allmählich aus. Vor allem bei sehr sensiblen und weichen Hunden kann man damit durchaus sehr gute Erfolge erzielen.

Aber die meisten Hunde erkennen die Schwächen ihrer Besitzer sehr schnell und nutzen sie hemmungslos aus. Erinnern wir uns an das Wolfsrudel: Der Umgang der einzelnen Rudelmitgliedern untereinander ist sicherlich viel differenzierter und nuancenreicher als der Laie annimmt, aber man kann nicht übersehen, daß die ranghohen Tiere gegenüber den rangniedrigeren im Falle eines Falles auch physisch (körperlich) durchgreifen. Auffallend bei der Beobachtung solcher Aktionen ist, daß der Gemaß-

regelte in der Regel sehr schnell versteht, sich entsprechend verhält und auch nicht lange geknickt ist.

Zweifellos finden die Wölfe oder Hunde untereinander eher als viele Menschen das richtige Maß. Das reicht vom blosen Körperkontakt in einer bestimmten Haltung (zum Beispiel Pfoten oder Kopf auf den Rücken des anderen legen, um seine Dominanz zu zeigen), über Schnauzenbeißen (der Überlegene umfaßt die Schnauze des Unterlegenen mit seiner), über Schütteln im Nackenfell (vor allem gegenüber Jungtieren) bis hin zum Zwicken. Ernsthaft gebissen wird dagegen nur in Extremfällen.

Was kann der Mensch daraus lernen? Zunächst einmal, daß die Bestrafung bei Wölfen und Wildhunden untereinander **unmittelbar und blitzschnell** erfolgt. Oft sind es nur Sekundenbruchteile, bis die Lage geklärt ist. Wölfe sind **nicht nachtragend**. Außer bei ernsten Konkurrenz- oder Verteidigungsfällen würde es einem Wolf nie einfallen, unnötig Energie auf langandauernde Bestrafungsaktionen zu verschwenden. Das ist auch gar nicht nötig. Wer seinen Hund bei jeder Gelegenheit unbeherrscht prügelt, sollte sich einmal Gedanken über sein eigenes Aggressionsverhalten machen. Ein Tierquäler ist er allemal.

Für einen Welpen ist
Spiel die schönste Belohnung.
(Flat Coated Retriever)

Ich denke es ist dagegen keine Tierquälerei, wenn der Welpe kurz aufquiekt, weil er am Nackenfell geschüttelt wurde, um ihm zu zeigen, daß einem durchaus etwas an der Unversehrtheit des wertvollen Perserteppichs liegt. Dies wohlgemerkt in dem Moment, in dem er sich an den Fransen vergreift und nicht erst, wenn der Kleine sich schon mit ganz etwas anderem beschäftigt, bis man das Malheur bemerkt. Ein gutes Maß für die Stärke der Einwirkung ist meines Erachtens die beobachtete Wirkung. Erstens muß das unerwünschte Verhalten sofort unterbleiben, zweitens sollte der Hund nur kurz negativ beeindruckt sein und er darf drittens auf keinen Fall das Vertrauen in seinen Führer verlieren. Vor allem in Fällen von Dominanzproblemen großer Hunde gegenüber einem schwachen Besitzer, der dem Hund weder psychisch noch physisch seine Überlegenheit zeigen kann, gibt es noch eine andere Methode, die im entsprechenden Kapitel vorgestellt wird (siehe S. 48).
Auf jeden Fall ist derjenige der bessere Hundeführer, bei dem die Stimme, ein Blick oder eine bestimmte Körperhaltung ausreicht, um den Hund zu beeindrucken, ohne daß man ihn überhaupt anfaßt. Es ist immer wieder erstaunlich, wie sensibel selbst ihrem Besitzer gegenüber hartgesottene Befehlsverweigerer auf Anhieb auf diese Mittel reagieren, wenn sie von einem Ex-

perten eingesetzt werden. Ich bin auf keinen Fall ein Befürworter von Körperstrafen, aber selbst meine Hunde stecken hin und wieder Knuffe ein und mir rutscht bei dickfelligen Kameraden in Ausnahmefällen sogar die Hand aus. Handscheu ist mir dadurch übrigens noch kein Hund geworden. Wenn ich im Falle eines Falles erst eine Zeitung suchen müßte, um einzugreifen, wäre alles zu spät, und ich könnte das Fehlverhalten nur noch ignorieren.

➤ Löschung (Abgewöhnen) unerwünschten Verhaltens

Unter Löschung versteht man das Vergessen beziehungsweise Verlernen einer Reaktion. Der sicherste Weg, eine Reaktion aus dem Verhaltensrepertoire des Hundes zu entfernen, besteht darin, diese Reaktion niemals zu belohnen. In der Praxis gibt es dabei aber drei gewaltige Schwierigkeiten.
Da sind zunächst die Situationen, in denen sich der Hund alleine durch sein Handeln selbst belohnt, zum Beispiel beim lustvollen Jagen, vor allem wenn es zum Ziel, das heißt zum Beutemachen führt.
Oder das Thema »Stehlen«. Hat der Hund den Sonntagsbraten erst einmal gefressen, ist alles Eingreifen zu spät. Ein klassisches Gegenbeispiel ist das Betteln am Tisch. Erhält der Hund niemals etwas vom Tisch, wird er auch nicht auf die Idee kommen zu betteln.

Spitze sind sehr gelehrig. (Kleinspitz-Welpe)

In letzter Zeit mehren sich die Stimmen, die ein generelles Haltungsverbot von Hunden in Städten fordern. Ich denke, daß das Argument der Verschmutzung durch Hundehinterlassenschaften bei der richtigen Einstellung der Hundebesitzer kein Thema sein muß. Hundehaufen auf dem Gehweg sind eine Schweinerei. Im öffentlichen Kindersandkasten haben Hunde generell nichts verloren. Und: man kann auch einen Rüden dazu erziehen, nicht überall das Bein zu heben. Ein Beinheben an der falschen Stelle muß von Anfang an konsequent mit »Pfui« und eventuell einem kleinen Leinenruck unterbunden werden.

Deutsche Stadtväter sollten dem Schweizer Modell folgen. In der Schweiz sind in den Parks und entlang vieler öffentlicher Wege, sogenannte »Robi-Dogs« aufgestellt: So läßt sich ein an unpassender Stelle abgesetztes Häufchen mit der Plastiktüte leicht entfernen und auch sofort entsorgen. Kein Hundebesitzer sollte sich zu gut dazu sein. Daneben sind aber zum Beispiel in Zürich große Flächen für den ungehinderten Freilauf ausgewiesen. Möglichkeiten, die in deutschen Städten weitgehend fehlen.

Zum Argument, daß sich nur kleine Hunde für das Leben in der Stadt eignen, muß man folgendes deutlich sagen: Wenn man ihr genügend Auslauf und Beschäftigung bietet, kann man auch eine Dogge in einer Zwei-zimmerwohnung halten. Es ist eine irrige Ansicht, daß ein großer Hund nur in einem Haus mit Garten glücklich sein kann. Ich kenne manche armen Hunde, die ihr Leben nur innerhalb des Gartenzauns fristen müssen, auf Dauer eine trostlose, beengte, nichts Neues bietende Erlebniswelt für den Hund.

Es ist wohl ein Zug der Zeit, daß praktisch alles in unserer Umwelt in Verdacht gerät, krankheitserregend oder -übertragend zu sein. Die Gefahr, sich bei einem gut gepflegtem und regelmäßig tierärztlich versorgten Haushund mit irgendeiner Krankheit anzustecken, ist fast Null. Mir ist kein einziger Hundebesitzer bekannt, der bei Beachtung der normalen Hygieneanforderungen und Gesundheitskontrollen des Hundes durch sein Tier krank geworden wäre (Ausnahme: Allergie). Ich bin mit Tieren groß geworden und wasche mir nicht nach jeder Berührung die Hände. Bis jetzt habe ich überlebt.

Bei aller, teilweise auch berechtigten Kritik (verantwortungsloses Handeln der Hundebesitzer), muß man sich der wichtigen Rolle von Hunden als Sozialpartner nicht nur einsamer und alter Menschen erinnern. Von alters her wurden Hunde nicht nur als reine Nutztiere gehalten. Der Bonner Psychologie-Professor Dr. Reinhold Bergler hat fast tausend Personen befragt. Für die meisten ist die Haltung eines Hundes verbunden mit einem aktiveren Lebensstil, auch durch die Übernahme einer befriedigenden Aufgabe, von Verpflichtung und Verantwortung. Gefühle der Einsamkeit und Langeweile werden vermieden. Der Hund ist nicht nur für Kinder ein Spielkamerad, der das Erlebnis von Geselligkeit, Fröhlichkeit und Lebensfreude vermittelt. Darüber hinaus kann er Schutz und Geborgenheit gewähren. Am höchsten wurde die Hundehaltung als gesundheitliche Prophylaxe gewertet.

Auch wenn man meinen sollte, den Menschen müßte langsam bewußt werden, daß es im Leben mehr als Beton, Autos und elektronische Kommunikation gibt, sinkt die Toleranzgrenze gegenüber dem Lebewesen Hund nicht nur in der Stadt. Islands Stadtväter sind soweit gegangen, die Hundehaltung in großen Städten generell zu verbieten. Der Erfolg dieses Gesetzes war, daß sogar große Hunde heimlich gehalten wurden. Gesetzliche Maßnahmen können und müssen nicht der Maßstab für die Mensch-Hund-Beziehung sein, wenn alle Beteiligten sich nach den Regeln des Anstandes und gesunden Menschenverstandes verhalten.

An Hand des letzten Beispiels kann man die **größte Falle bei einer Verhaltenstherapie** ansprechen, die viele Behandlungen zum Mißerfolg werden läßt. Sie hängt unmittelbar mit der mangelnden Konsequenz und vor allem der nicht vorhandenen Ausdauer der Besitzer zusammen, die ein Programm durchziehen müssten. Ein Verhalten, das oft oder immer verstärkt wurde und jetzt plötzlich nicht mehr belohnt wird, wird zunächst noch häufiger stattfinden, bevor es allmählich ausbleibt!

Das heißt in unserem Beispiel: Bekommt der Hund plötzlich nichts mehr vom Tisch, wird er eine ganze Weile sein Betteln verstärken, bevor er langsam aufgibt. (Die Verhaltensforscher reden zum Beispiel beim Betteln von Appetenzverhalten – der Hund will etwas bezwecken.) Wie lange dieser Zeitraum dauert, ist individuell verschieden. Hartnäckige Exemplare können da schon einige Wochen durchhalten. Oft eben länger als die Besitzer.

Ein großer Stolperstein ist auch die unbewußte und ungewollte Belohnung durch den Besitzer. Viele Leute vergessen, daß beim Hund der gleiche Grundsatz wie beim Menschen gilt: Jegliche Zuwendung – auch negativer Art! – kann unter Umständen als Belohnung aufgefaßt werden.

Stellen Sie sich einen Hund vor, der kurzfristig alleine gelassen wird. Dem Tier mißfällt seine Lage oder es hat sogar Verlassenheitsängste; es fängt an, lautstark zu bellen, um seinen geliebten Menschen zurückzurufen. Irgendwann kommt der Mensch zurück und meint wutentbrannt, durchgreifen zu müssen. Nehmen wir an, er bestraft den Hund in der Annahme, ihn durch eine unangenehme Einwirkung, zum Beispiel durch Schütteln am Nackenfell, das Bellen zu verleiden. Der Hund ist vereinfacht ausgedrückt aber so froh, daß sein Mensch wieder da ist, daß er sogar die Strafe als Zuwendung empfindet.

Hunde untereinander lernen auch am Verhalten des anderen.

Wird dieser Hund das Bellen in der gleichen Situation das nächste Mal unterlassen? Sicherlich nicht. Wir werden das Problem weiter unten noch ausführlich besprechen (siehe S. 76ff.). Jetzt nur soviel dazu: Richtig wäre es, den Hund für ruhiges Verhalten mit dem Zurückkommen zu belohnen und ihm allgemeine Sicherheit zu vermitteln, so daß erst gar keine Angst aufkommt.

➤ Die systematische Desensibilisierung (Abschwächung einer Reaktion)

Diesen Lernmechanismus macht sich die Tierpsychologie bei verhaltenstherapeutischen Maßnahmen vor allem zur Behandlung von Angstzuständen zu Nutze.

Einfach ausgedrückt handelt es sich dabei um die stufenweise Gewöhnung an angsteinflößende Reize. Das Verfahren funktioniert bei prinzipiell jedem nichtangeborenem Angstverhalten des Hundes, solange es möglich ist, den gefürchteten Reiz, zum Beispiel laute Geräusche oder die Gegenwart bestimmter Personengruppen, in seiner Intensität abzuschwächen.

In der Regel verhält sich der Hund um so sicherer, je schwächer der Auslöser ist. Im ersten Schritt der Behandlung muß also ein Weg gefunden werden, den **Reiz zu dämpfen**. Ein Geräusch wird gedämpft oder eine Entfernung solange vergrößert, bis der Hund keine Angst mehr zeigt. Der Patient wird in Gegenwart des abgeschwächten gefürchteten Reizes gleichzeitig veranlaßt, eine bestimmte Reaktion auszuführen, die Angst ausschließt. Ein Hund in Panik wird nie fressen oder spielen.

Wenn es zum Beispiel gelingt, den Hund im Zusammenhang mit einem gedämpften Knall dazu zu bewegen, Futter aufzunehmen oder sich mit seinem Lieblingsspielzeug lustvoll zu beschäftigen, ist der halbe Weg schon gegangen. Nun muß man vorsichtig und in sehr kleinen Schritten den **Reiz ganz allmählich**

verstärken. Dieses aber nur in dem Maße, daß der Hund weiterhin gleichzeitig frißt oder spielt. Wenn man geduldig und umsichtig vorgeht, stehen die Chancen gut, den Hund an das ehemalige Angstobjekt zu gewöhnen.

In der Fachsprache würde man sagen, die systematische Desensibilisierung wird zusammen mit einer Gegenkonditionierung verwendet. Es muß eine neue Reaktion bewußt entwickelt werden. Im günstigsten Fall gelingt es zum Beispiel, einen ehemals geräuschempfindlichen Hund dazu zu bringen, beim Fallen eines Schusses erwartungsvoll nach seinem Futter Ausschau zu halten. Bei angeborener Schreckhaftigkeit wird man mit der systematischen Desensibilisierung höchstens eine Besserung erreichen können.

Wichtige Regeln und Hinweise für eine erfolgreiche Hundehaltung

➤ Befriedigung der natürlichen Bedürfnisse des Hundes (genügend Bewegung und Beschäftigung!)

➤ Durchhaltevermögen des Hundehalters bei der Erziehung

➤ liebevolle Konsequenz

➤ reaktionsschnelles Handeln

➤ ruhiger Umgang, kein Kasernenhofton

➤ Hunde verstehen nicht die menschliche Sprache!

➤ sichere Rangordnungsverhältnisse schaffen

➤ möglichst viel Familienanschluß

Es kommen immer wieder Hundebesitzer zu mir in die Erziehungskurse, denen auch als Anfänger ein natürliches Gefühl für den richtigen Umgang mit dem Hund gegeben ist. Was ich ihnen vermitteln kann, ist die notwendige Technik und manches Wissen über Hundeverhalten. (Viele Fehler bei der Haltung und Erziehung von Hunden geschehen aus Unwissenheit. Im schlimmsten Fall werden nicht einmal **die natürlichen Bedürfnisse** des Tieres ausreichend befriedigt, vor allem was die Bewegung und Beschäftigung angeht.)
Andere haben es am Anfang schwer, sich im richtigen Maß durchzusetzen. Aber alle, die wirklich etwas ändern wollen, haben nach vielen Übungsstunden einen folgsamen Hund.

Leider gibt es auch Besitzer, die im Grunde genommen halbherzig oder gar nicht bei der Sache sind. Sei es, daß es an Durchhaltevermögen und Konsequenz, an Interesse oder Zeit mangelt. Deren Erfolge werden auch mäßig sein. Sind in solchen Fällen schon die Chancen für eine gute Erziehung des Hundes nicht sehr gut, dann kann bei ernsthaften Problemen auch eine Verhaltenstherapie bestenfalls Teilerfolge bringen. Im Umgang mit jedem Hund und besonders bei Problemtieren ist in erster Linie die richtige mentale Einstellung in Verbindung mit liebevoller Konsequenz notwendig. Dazu muß

Ausreichende Bewegung ist sehr wichtig für das Wohlbefinden des Hundes. Hier ein Golden Retriever beim fröhlichen Plantschen im Wasser.

Konzentration auf den Hund ermöglicht genaues Einwirken.

man sich von Anfang an klar darüber sein, welche Verhaltensweisen des Hundes man zu dulden gewillt ist und welche nicht tragbar sind. Dort muß man sofort eingreifen.

Ein gutes Beispiel für die stets zu treffenden Entscheidungen lieferte erst kürzlich mein eigener Schäferhund Donar. Der siebenjährige Rüde stand wegen einem Neuzugang in meinem Rudel (6 Hunde), dem zweijährigen Deutsch-Drahthaar-Rüden Olex, unter Streß. Er fühlte sich in seiner Hunde-Rudelführerrolle angegriffen und drohte Olex darum bei vielen Gelegenheiten. Da Olex von mir für eine große Filmrolle trainiert wird, ließ ich es vorerst nicht bis zur tätigen Auseinandersetzung um eine neue Rangordnung

kommen. Ich unterstützte die Alphaposition von Donar in jeder Beziehung (siehe dazu auch S. 54f.). Eines Tages liefen die Hunde auf einer großen eingezäunten Wiese. Donar und Olex lieferten sich wieder ihre Dominanzspielchen. Ich saß auf der Terrasse, die durch einen Holzzaun von der Wiese getrennt ist. Um eine Rauferei zu verhindern, ermahnte ich Olex und Donar. Letzterer fühlte sich sofort herangerufen, übersprang den Zaun und landete mit den Vorderpfoten auf meinen Schoß. Alles lachte. Noch nie vorher hatte Donar einen Zaun oder eine andere von mir aufgestellte Barriere mißachtet. Richtig wäre die Reaktion gewesen, ihn postwendend zu schimpfen und über den Zaun zurück zu befördern. Da Olex auf

der anderen Seite stand, wollte ich das nicht, um nicht eine Rauferei zu provozieren. (Durch meine Maßnahme hätte Donar zusätzlich noch an Rangstellung verloren.) Ich zögerte also einen Augenblick, tadelte dann nur und schickte Donar durch die Türe hinaus. Bei nächster Gelegenheit sprang Donar wieder über diesen Zaun und sehr schnell weitete er sein Verhalten auf einen anderen, ähnlich niedrigen Zaun aus.

Es lag nun an mir, zu warten, bis er eventuell alle Barrieren übersprang oder einzugreifen (siehe S. 97f.).

Der Zeitfaktor spielt beim Umgang mit dem Hund eine große Rolle. Wenn man das Verhalten des Hundes mit Lob oder Tadel beeinflussen möchte, dann muß man dies reaktionsschnell aber auf keinen Fall hektisch tun. Haben Sie nicht die nötige innere Ruhe, um mit dem Hund zu arbeiten, dann gehen Sie mit ihm lieber nur spazieren oder spielen Sie mit ihm. Täglich zweimal zehn Minuten konzentriertes Üben ist ungleich mehr wert, als eine zweistündige Gewaltsitzung jedes Wochenende. Stehen Sie hinter jedem ihrer Worte und Handlungen. Lob und Tadel sollen nicht nach Schema F ablaufen. Der Hund muß spüren, daß vor allem das Lob von Herzen kommt. Das hat nichts mit besonderer Lautstärke zu tun. Hunde haben ein ausgezeichnetes Gehör und lesen vor allem auch unsere Körpersprache. (Hunde

Der Hund sollte möglichst viel in das Familiengeschehen mit einbezogen werden.

sind Bewegungsseher, ein ruhendes Objekt erkennen sie viel schlechter.) Ein Kasernenhofton ist absolut unnötig.

»Mein Hund versteht jedes Wort.« Solche Aussagen hört man oft von Hundebesitzern. Bei einem Hund mit sehr viel Menschenumgang kann das durchaus sein – wenn man es nicht im menschlichen Sinne versteht. Zweifellos lernen Hunde auch ohne Dressur die Bedeutung vieler Wörter der menschlichen Sprache. Mein Schäferhund liebt Milch.

Im Laufe der Zeit reichte meine an meine Mutter gerichtete Ankündigung, »Ich gehe jetzt Milch holen«, um den Hund in freudige Erwartung zu versetzen. Neue Begriffe lernt der Hund am besten, wenn sie möglichst knapp, deutlich und ohne sprachliches

Beiwerk benutzt werden. Wenndann, entweder-oder-»Befehle« – solch ein Folgedenken geht über die mentalen Fähigkeiten eines Hundes. »Laß das bleiben, sonst passiert etwas.« Solche oder ähnliche Drohungen verwenden wohl jeder Hundebesitzer. Was den Hund aber dann von seinem Vorhaben abkommen läßt, ist nicht die Aussicht auf Bestrafung, sondern der drohende Ton im Moment!

Lernen Sie Ihren Hund genau kennen. Nur so können Sie sein Verhalten richtig vorhersagen und sind vorbereitet, richtig einzugreifen. Zur Übung kann man die erwartete Situation und vor allem die eigenen Reaktion darauf ruhig einmal im Kopf durchspielen. Je mehr Übung Sie darin haben, desto mehr wird sie Ihnen zur

Gewohnheit und Sie können viel schneller reagieren.

Ein nicht zu unterschätzendes Problem kann auftreten, wenn der Hund nicht die Sicherheit einer festgelegten Rangordnung Mensch-Hund erfährt. Starke Tiere werden sich selbst zum Rudelchef aufschwingen, nachgiebigere Tiere könnten bei launischem und unberechenbarem Verhalten des Menschen (einmal absolut unnachgiebig, das andere Mal ohne jede Linie) vollkommen frustriert resignieren und allerlei neurotische Verhaltensweisen entwickeln.

Eine reine Zwingerhaltung für Hunde ist abzulehnen. Wenn der Hund zeitweise im Zwinger untergebracht ist, muß man ihm möglichst viel Familienanschluß gewähren.

Am besten ist der Hund auch im Urlaub dabei. Das Foto zeigt zwei Schäferhund-Brüder auf großer Tour in den USA.

Haben Hunde ein Gewissen?

Wer kennt nicht die folgende Situation: Man kommt nach Hause und der Hund begrüßt einen mit auffallenden Demutsgebärden oder übertrieben ausgelassen. Meist weiß man sofort, daß er etwas angestellt hat. Aber überlegen Sie einmal genau. Hat der Hund dieses Demutsverhalten auch gezeigt, als er Ihnen das erste Mal stolz den bereits ausgiebig zerkauten Schuh an die Haustür gebracht hat? Sicherlich nicht. Aber Sie haben ihn damals sicherlich getadelt und vielleicht sogar am Nackenfell geschüttelt. Die Tat an und für sich, das Zerkauen, lag schon lange zurück. Wirklich sinnvoll wäre ein Eingreifen in dem Moment gewesen, in dem der Hund seine Zähne am Schuh erprobte. Nach dem Tatzeitpunkt kann der Hund die Verbindung der Strafe mit der Tat nicht mehr herstellen. Warum aber dann die Anzeichen von »schlechtem Gewissen« bei der nächsten Tat? Dem Hund ist sein vergangenes Verhalten gleichgültig, aber er fürchtet Ihre negative Reaktion. Das ist hündisch gedacht!

Konsequenz ist das A und O der Hundeerziehung. Notfalls wird eine Anweisung körperlich durchgesetzt, hier das »Platz«.

Halsband und Leine

Beim Halsband gibt es folgende Möglichkeiten. Man verwendet:

- ein Leder- oder Gurthalsband,
- ein Kettenhalsband (als Würger oder feststehend),
- in Ausnahmefällen ein Stachelhalsband (in Österreich verboten).

Das **Halsband** sollte je nach Größe und Gewicht des Hundes nicht zu breit sein. Je schmäler es allerdings ist, desto »schärfer« wirkt es. Dünne Zierkettchen sind wegen mangelnder Stabilität und Verletzungsgefahr für den Hund ungeeignet. Manche Plastik-Schnappverschlüsse von Gurthalsbändern neigen dazu, sich von selbst zu öffnen. Vor allem bei aggressiven Hunden kann das gefährliche Folgen haben. Viele Hunde, die vorher ein Lederhalsband trugen, reagieren in Bezug auf Gehorsam schon positiv bei dem Wechsel auf ein Kettenhalsband. (Man sollte darauf achten, daß die einzelnen Glieder nicht an der langen Seite verschweißt sind, sonst reibt sich das Fell des Hundes hier ab.) Zum sogenannten **Stachelhalsband** sei folgendes gesagt: Ein echtes Stachelhalsband hat mehr oder weniger lange, feststehende Dornen, die den Hund wirklich stechen. Solch ein Gerät ist generell abzulehnen. Das, was allgemein unter der Bezeichnung »Stachelhalsband« läuft, zwickt

Eine ca. 1 m lange Lederleine ist zum Führen und Arbeiten gut geeignet.

den Hund nur, wenn sich bei Zug die beweglichen stumpfen Stifte gegeneinanderdrücken. Wie leicht wird ein vollkommen unbändiger Hund am Hals verletzt, wenn man ihn verzweifelt unter Auf-

bieten aller Kräfte ungeschickt am Würgehalsband (in Würgestellung) reißt.
Solche Kraftakte wären bei der Verwendung eines Stachelhalsbandes nicht nötig und würden

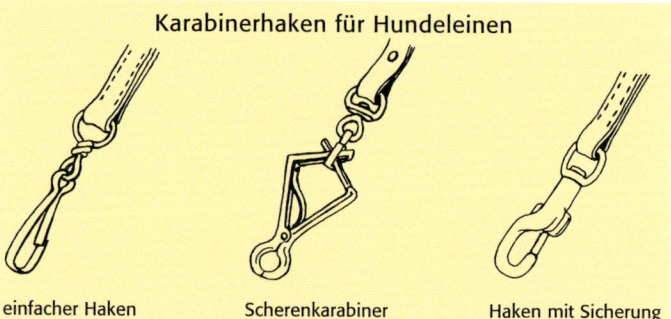

Karabinerhaken für Hundeleinen

einfacher Haken   Scherenkarabiner   Haken mit Sicherung

Einfache Haken sind meist nicht sehr stabil und eignen sich mehr für kleinere Hunde. Scherenkarabiner gibt es in verschiedenen Stärken. Mit der Zeit neigen sie etwas zum Ausleiern und können sich dann von selbst öffnen. Bei Haken mit Sicherung sollte man den Hakenmechanismus von Zeit zu Zeit mit einem Tropfen Öl schmieren.

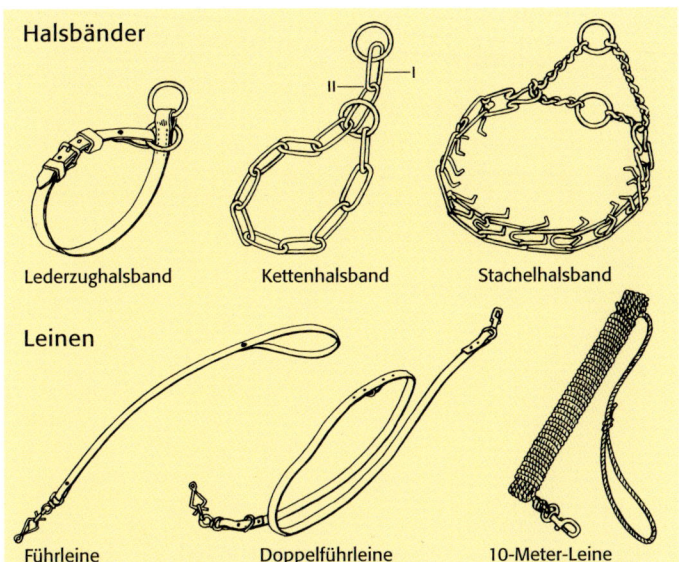

Halsbänder

Lederzughalsband — Kettenhalsband — Stachelhalsband

Leinen

Führleine — Doppelführleine — 10-Meter-Leine

Beim Kettenhalsband sollte darauf geachtet werden, daß die einzelnen Glieder in Punkt II und nicht in I verschweißt sind, sonst reibt die Kette das Fell ab! Ein Stachelhalsband sollte nur in Ausnahmefällen und nicht generell verwendet werden.

Technische Geräte

Es kommt leider vor allem in den USA immer mehr in Mode, mangelnde Ausbildungskenntnisse und Zeit durch die Verwendung von funkgesteuerten Hilfsmitteln ersetzen zu wollen. In der Regel trägt der Hund ein Halsband mit einem Empfänger. Den Sender löst der Besitzer mit der Hand aus (**Tele-Takt**) oder er ist, wie im Falle von Geräten, die das Entweichen aus einem uneingezäunten Grundstück (wie in den USA üblich) verhindern sollen, ebenerdig angebracht. Kommt der Hund dem Sender zu nahe wird der Empfänger am Halsband ausgelöst. In beiden Fällen erhält der Hund einen leichten, kurzandauernden elektrischen Schlag. Ich habe ein Gerät in höchster Stufe an mir selbst ausprobiert. Es wirkt wie ein elektrisch geladener Weidezaun. Ich denke ausschlaggebend für die Meidereaktion des Hundes ist auch nicht ein großer Schmerz, sondern der Schrecken. (Hier liegt auch genau eine Gefahr beim Tele-Takt. Erfolgt die Einwirkung nicht punktgenau richtig, verknüpft der Hund den Impuls mit allem möglichen, aber nicht zum Beispiel mit dem Hetzobjekt.)

Trotzdem lehne ich die Verwendung dieser Geräte in der Hand des ungeübten Laien und als bequemer **Ersatz für aufwendigere Ausbildungsmethoden** generell als Tierquälerei ab.

nicht nur die Nerven des Besitzers, sondern auch die des Hundes schonen. Die Benutzung des Stachelhalsbandes sollte aber auf keinen Fall zur Dauereinrichtung werden – ganz davon abgesehen, daß mit der Zeit seine Wirkung nachläßt. (In Österreich ist die Verwendung eines Stachelhalsbandes verboten.)

Das Material der **Leine** ist im Grunde genommen Geschmackssache. Je leichter die Leine ist, desto weniger nimmt sie der Hund als »Hilfe« wahr. Sie sollte nur nicht zu dünn sein und gut in der Hand liegen. In manchen Fällen ist die Benutzung von sehr dünnen Leinen (Rebschnüre, Wäscheleine usw.) angesagt. Derartige Leinen sollte man nur

mit Lederhandschuhen handhaben. Sonst riskiert man Verbrennungen, wenn der Hund schnell anzieht.

Für eine normale Unterrichtsstunde eignet sich am besten eine ca. 1 m lange einfache Leine. Praktisch ist auch ein ca. 2 m lange Leine, die sich kurz verstellen läßt. Der Karabiner der Leine muß stabil sein und sich schnell öffnen lassen.

Bei allen Formen von Roll-Leinen (Flexi) tritt das Problem auf, daß die Mechanik vor allem vom Anfänger nicht schnell genug bedient werden und so nicht punktgenau eingewirkt werden kann. Zum Arbeiten sind sie meines Erachtens ungeeignet. Zum Spazierengehen mögen sie noch taugen.

Ich bin auch gegen den freien Verkauf der Geräte. Ich selbst habe das Tele-Takt in meiner mehr als zwanzigjährigen Laufbahn nur dreimal (erfolgreich) im Fall von eingefleischten Wilderern benutzt.

Bei diesen temperamentvollen und lauffreudigen Kameraden war die Alternative ein Leben nur an der Leine und ohne Freilauf im Garten. Wildernde Hunde werden generell erschossen. Sie können zudem großes Unheil anrichten. Der Einsatz des Gerätes brachte den Erfolg, weil die Hunde die Einwirkung mit dem Hetzobjekt (Wild) und nicht mit dem Ausbilder verknüpft haben. Der Sinn einer langen Leine wird von allen Hunden in diesem Fall sehr schnell begriffen.

Hunde können den normalen Einwirkungsbereich ihrer Führer sehr genau taxieren. Der Vorteil des Tele-Takts ist, daß das Gerät je nach Modell eine Reichweite bis zu ca. 800 m hat. Alle drei Hunde hatten eine solide Grundausbildung, die nur beim Wildern versagte. Sollte ich wieder einmal einen ähnlichen Fall haben, muß der Hund zumindest die elementaren Grundbegriffe »an-der-Leine-gehen«, »Hier« und »Platz« auch auf Entfernung beherrschen, bevor das Gerät zum Einsatz kommt (siehe auch S. 73).

Die Variante, daß der Hund statt eines Stromimpulses einem Strahl Zitronensäure (einem dem Hund sehr unangenehmer Geruch) aus einer Kapsel am Halsband ausgesetzt wird, hat sich leider als nicht sehr wirksam erwiesen.

Mit den Vorrichtungen zum Verhindern des **Entweichens aus dem uneingezäunten Garten** habe ich keinerlei Erfahrung. Im Grunde genommen gilt auch hier das oben gesagte.

Einen gut erzogenen Hund kann man viel öfter frei laufen lassen. (Kurzhaar Border Collie)

Drei Argumente werden von Befürwortern eines Leinenzwanges hauptsächlich angeführt:

➤ die Verschmutzung durch Hundehinterlassenschaften,
➤ die Belästigung Dritter durch freilaufende Hunde,
➤ die generelle größere Tiergefahr bei Freilauf.

Die Freiräume in unserer Umwelt werden immer enger. Das bekommen auch Hundehalter zu spüren. Man muß leider sagen, daß sich viele Hundehalter ihrer Verantwortung gegenüber ihren Mitmenschen nicht bewußt sind. Wer tritt schon gerne in ein Hundehäufchen? Kein Hund darf sich – freilaufend oder angeleint – auf Gehwegen oder in Gebäuden versäubern. Im Falle eines Falles muß man selbst für die Beseitigung des Haufens sorgen. Bei der Früherziehung des Welpen gilt es, dem Kleinen von Anfang an klarmachen, wo er sich lösen darf und wo es nicht erwünscht ist. Dann wird es auch dem freilaufenden Hund später nie einfallen, mitten auf dem Fußweg einen Haufen zu setzen. Es muß auch nicht sein, daß Hunde in einer zur landwirtschaftlich genutzen Mahd anstehenden Wiese tollen oder sich lösen. So bekommt die Unfreundlichkeit vieler Bauern Hundehaltern gegenüber nur neue Nahrung.
In Bezug auf die Belästigung kann man nicht deutlich genug auf die Pflicht jedes Hundebesitzers hinweisen, sein Tier so zu

erziehen, daß es anderen Menschen und auch freilebendem Wild (Problem hetzen und wildern!) nicht zur Last fällt. Das gilt auch für Hunde kleiner Rassen! Sicherlich ist der Schrecken für einen »Überfallenen« größer, wenn ihn eine Dogge anspringt, aber auch ein Dackel hat einmal schmutzige Pfoten und auch ein West Highland White Terrier kann gehörig zwicken.
Auf der anderen Seite ist aber die Tatsache, daß solche Vorfälle hin und wieder geschehen, noch lange kein Grund, alle Hunde für immer an die Leine verbannen zu wollen. Man kann einen Hund meiner Meinung nach nicht artgerecht halten, wenn er nie Freilauf haben darf. Und die Erfahrung zeigt, daß besonders angstaggressive Tendenzen durch Kurzhalten an der Leine verstärkt werden.
Wenn es Menschen gibt, die sich durch die bloße Anwesenheit eines Hundes belästigt fühlen, so gehen andere noch weiter und sehen in Hunden die Quelle vielfältiger echter Gefahren. Da es niemandem gelingen kann, die Hundehaltung generell zu verbieten, möchte man dann wenigstens einen Leinenzwang durchsetzen.
Wenn man sich die allgemeine Unfallstatistik anschaut, kann man leicht feststellen, daß ernste Zwischenfälle, an denen Hunde beteiligt sind, einen verschwindend kleinen Prozentsatz ausmachen. Man kann sich über not-

wendige Sicherheitsmaßnahmen sicherlich streiten, aber nicht auf Kosten der Hunde!
Studien beweisen, daß ein direkter Zusammenhang zwischen der persönlichen Erfahrung mit Hunden und den Ansichten über sie besteht. Es liegt in hohem Maß an den Hundehaltern selbst, für eine positive Grundeinstellung in der Gesellschaft zu sorgen. (Ausnahmen bestätigen die Regeln.) Die meisten Hundebesitzer haben hier aber wohl Hemmungen, da sie – wie ebenfalls wissenschaftliche Untersuchungen gezeigt haben – der Meinung sind, daß Nicht-Hundebesitzer allgemein eine grauenhafte Meinung über sie haben, was jedoch nicht zutrifft. Häufig verwendete Schlagworte sind, Hunde seien reiner Kind-Ersatz oder Statussymbol u.ä.. Es gilt also, dieses System von Vorurteilen zu überwinden, die Initiative zu ergreifen und freundlich auf Nicht-Hundebesitzer zuzugehen.
Ich würde mir aber auch mehr Toleranz von der »anderen Seite« wünschen. Immer wieder muß ich mich zum Beispiel über Jäger oder Bauern ärgern, die mich wegen meiner freilaufenden Hunde ohne jeglichen Grund unfreundlich bis unverschämt ansprechen. So etwas ist natürlich der Bildung von Vorurteilen nur zuträglich. Trotzdem das Fazit: Je besser ein Hund folgt, desto mehr Freiheiten können wir ihm guten Gewissens lassen, solange die Umwelt nicht ernsthaft beeinträchtigt wird.

Man sollte sich nicht durch den typisch amerikanischen »easy way« verführen lassen, solange es genügend andere Wege gibt, die freilich mühsamer und zeitaufwendiger sind, aber dafür den Kontakt zwischen Halter und Hund festigen. In US-Katalogen finden sich neuerdings elektrische Geräte, mit denen man Möbelstücke (Sessel, Couch usw.) oder allgemein bestimmte Stellen vor der Benutzung durch den Hund »schützen« kann. Generationen von Hunden haben bei genügender Konsequenz vom Welpenalter an auch so gelernt, daß das Bett des Besitzers oder die Couch tabu ist. Mehr möchte ich dazu nicht sagen.

Beliebt ist die Installation eines sogenannten **Kläff-Ex oder Antibell**. Auch hier trägt der Hund ein Halsband mit Empfänger. Sobald er zu bellen anfängt, erhält er einen Strafreiz (Stromimpuls, Zitronensäure oder Hochfrequenzton).

Wenn man sich vorstellt, daß fast alle Hunde beim unvorbereiteten Alleinesein aus Verlassenheitsangst bellen und heulen, ist mir mehr als unwohl, wenn Angst mit Schmerz oder Schreck bekämpft wird.

Nicht auszudenken, was geschieht, wenn das Gerät Fehlfunktionen aufweist oder anders als durch den Hund selbst (zum Beispiel durch einen bellenden Nachbarshund oder ein ähnliches Geräusch) ausgelöst wird. Ich empfehle das Kläff-Ex nicht.

Halti und Gentle-Leader

Dem Prinzip nach ist das **Halti** eine gute Sache. Der Hund trägt dabei ein Kopfhalfter ähnlich dem eines Pferdes. In dem Moment, in dem er zu ziehen anfängt, dreht er sich selbst den Kopf zur Seite. Dies hat vor allem die Wirkung, daß er im wahrsten Sinne des Wortes sein Ziel außer Augen verliert. Bei Aggressionen gegen andere Hunde wird so ein fixierender Blickkontakt, der den meisten Auseinandersetzungen vorausgeht, unterbunden. Außerdem kann der Hund am Halti nicht seine vollen Körperkräfte zum Ziehen einsetzen. In der Praxis zeigen sich aber folgende Schwierigkeiten: Die Gebrauchsanleitung auf der Verkaufspackung ist meiner Meinung nach unverantwortlich unvollständig. Fast alle Vierbeiner benötigen eine mehr oder weniger lange Gewöhnungszeit, in der sie das Halti nur tragen, ohne daß eine Leine auch nur eingehakt ist. Erst wenn sich der Hund an dem Halti absolut nicht mehr stört, kann man mit der Arbeit beginnen. Das Halti ersetzt auch nicht die Leine! Der Hund muß also Halti und Halsband mit je einer Leine tragen. Am Halsband ist eine ganz normale Führleine befestigt, am Halti eine möglichst leichte. Die Handhabung der beiden Leinen erfordert schon etwas Übung. In ungeschickten

Korrekt angelegtes Halsband. Die Kette lockert sich automatisch, wenn die Leine nachgelassen wird.

Nicht richtig angelegtes Halsband. Der Ring, durch den die Kette gleitet, muß von unten nach oben kommen, sonst lockert sich die Kette nicht von allein, wenn der Zug nachläßt.

Das sog. »Halti« ist eine neue Ausbildungshilfe. Bei diesem Hundehalfter wird durch Zug an der Leine Druck auf das Nasenbein des Hundes ausgeübt. Vom Prinzip her soll durch Kontrolle des Hundekopfes der ganze Hund kontrolliert werden.

Händen birgt das Halti nicht geringe Verletzungsgefahren für die Halswirbelsäule des Hundes. **Gentle-Leader** oder **Gentle-Dog** arbeitet mit unangenehmen Körpereinwirkungen, sobald der Hund zieht. Gentle-Dog sieht einem Fährtengeschirr nicht unähnlich. Sobald aber Zug auf die Leine kommt, kneift sich der Hund selbst in die Achseln. Gegen die Verwendung von diesem Hilfsmittel ist nichts einzuwenden. Es ist bei sachgemäßem Einsatz eines Halsbandes meiner Meinung nach aber unnötig und verliert bei zunehmender Gewöhnung auch schnell an Wirkung, wenn der Hund nicht allgemein auf Gehorsam geschult wird.

Wurf- oder Rasselkette

Bei der Wurfkette handelt es sich um ein ca. 10–15 cm langes Stück einer Metallkette. Je nach Größe und Empfindlichkeit des Hundes soll sie mehr oder weniger schwer sein.

Im Handel gibt es fertige Wurfketten zu kaufen, man kann aber genausogut ein Kettenhalsband zum Wurfgeschoß umfunktionieren. Es geht bei der Verwendung der Wurfkette nicht darum, den Hund zu treffen, sondern vielmehr soll der Hund durch ein unbekanntes und unerwartetes Geräusch in nächster Nähe in seiner Konzentration auf ein von uns unerwünschtes Verhalten gestört werden. Das unangenehme Geräusch soll er mit dem Objekt seines Vorhabens verknüpfen. Dann ist die Wurf- oder Rasselkette ein wertvolles Hilfsmittel, um auf Distanz auf den Hund einwirken zu können. Die richtige Anwendung ist allerdings nicht einfach. Man sollte sie Fachpersonen überlassen. Auf keinen Fall sollte die Kette bei der normalen Erziehung und Ausbildung eines Hundes verwendet werden. Man muß beim Arbeiten mit der Wurfkette genau den Moment erwischen, in dem der Hund die ersten Anzeichen für sein Vorhaben zeigt. Wenn er es bereits ausführt, ist es zu spät.

Beim Hetzen ist das zum Beispiel der Moment, wenn der Hund auf die »Beute« aufmerksam wird. Klaut der Hund vom Tisch, trifft ihn »Gottes Gericht« schon, wenn er die Pfoten hochnimmt. Verpaßt man den richtigen Augenblick, könnte der Hund das Geräusch mit etwas ganz anderem verknüpfen, wodurch sich unter Umständen neue Probleme ergeben können. Oder der Hund stumpft ab. Man muß vor allem die Reaktion des Hundes auf die Kette beobachten. Der Erfahrung nach reagieren alle Molosser-Rassen (zum Beispiel Mastino Napoletano) leicht aggressiv darauf. Andere, besonders sensible, reagieren übermäßig schreckhaft. (Bei besonders harten und widerstrebenden Hunden kann man schon einmal treffen. Aber nie auf den Kopf zielen!) Eine gute Beobachtungsgabe, Einfühlungsvermögen und Umsicht sind das oberste Gebot bei der Anwendung der Wurfkette.

Medikamente

Über die medikamentöse Behandlung eines körperlichen Gebrechens kann nur der Tierarzt entscheiden. Auch der Einsatz von Psychopharmaka kann nur in Zusammenarbeit mit dem Tierarzt geschehen.

Hin und wieder zeigt ein Hund bei seinem Fehlverhalten eine derartige Erregung, daß er auf keine Weise mehr erreichbar ist. In solch einem blockierten Zustand ist das Tier auch nicht lernfähig. In diesem Fall kann es ratsam sein, durch Gabe eines **Tranquilizers** den Hund so weit zu beruhigen, daß die therapeutischen Maßnahmen greifen können. Der Hund darf aber nur leicht sediert und nicht übermäßig schläfrig sein. Sobald die Behandlung unter der Gabe des Medikamentes zu wirken beginnt, setzt man die Chemie nach und nach ab, bis man ganz ohne sie auskommt.

Über den sinnvollen Einsatz von **Neuroleptika** und **Antidepressiva** ist in der Tiermedizin nur in kleinen Bereichen gearbeitet worden. Allgemein dämpfende Mittel können bei übermäßiger Aggression versucht werden. Die Erfolge sind wechselnd. Gerade im Fall der Neuroleptika (Mittel zur Behandlung von schweren psychischen Störungen wie Psychosen beim Menschen) sind in der Humanmedizin gewichtige Nebenwirkungen bekannt.

Hormone zählen nicht zu den Psychopharmaka. Sie können vor allem in Fällen von Hypersexualität, manchen Formen von Überaggressivität und übertriebener Bellneigung bei Rüden wirken. Gaben von **Vitamin B1** können Angstzustände, die durch Mangel an diesem Vitamin entstanden sind, schlagartig zum Verschwinden bringen.

Schilddrüsenhemmstoffe können abnorme Aggressionsneigungen, sofern sie im Gefolge einer Schilddrüsenüberfunktion entstanden sind, mitunter rasch bessern.

Wird ein sensibler Hund (oder ein anderes Tier) einem außergewöhnlichen, seelisch stark belastenden (traumatisierenden) Erlebnis ausgesetzt, dann kann dies länger anhaltende Schockwirkungen und eventuell darauf folgende, bleibende Fehleinstellungen zur Folge haben. Wird der Hund möglichst unmittelbar nach dem Unglück (zum Beispiel einem Unfall) in **Narkose** gelegt, dann kann eine bleibende Erinnerungslosigkeit hinsichtlich der Ereignisse bewirkt werden, die kurz vor der Medikamentenanwendung stattgefunden haben. Es werden damit nämlich die zur Verankerung im sogenannten Langzeitgedächtnis notwendigen hirnphysiologischen Vorgänge unterbrochen, die sich an ein frisches Erlebnis anschließen. Die psychischen Folgen des Schocks können sich daher nicht festsetzen.

Homöopathie und Bach-Blüten

Die zusätzliche Gabe von homöopathischen Mitteln oder **Bach-Blüten** hat sich in meiner Praxis in vielen Fällen bewährt. Allerdings arbeite ich für diesen Fall mit einer tierheilkundlichen Spezialistin zusammen. Die Materie ist längst nicht so einfach, wie sie manche populärwissenschaftlichen Bücher darstellen wollen. Immer ist aber auch der Besitzer gefragt, da er seinen Hund am genauesten kennen dürfte und dem Tierarzt oder Heilpraktiker wertvolle Hinweise geben kann.

Der **Homöopath** verordnet allgemein nicht nach Krankheitsbezeichnungen, sondern er läßt sich von den physischen (körperlichen) und psychischen Erscheinungen seines jeweiligen Patienten leiten. Die Homöopathie ist eine aktive Medizin. Sie stärkt die Heilkraft des Organismus und ertränkt sie nicht in einem Antibiotika- oder Cortisonspiegel. Sie nimmt dem Individuum nicht die Fähigkeit, sich selbst zu heilen und untergräbt nicht die Heilkräfte der Natur. Sie ist eine »Anstoßmedizin«, die bei sinnvoller Anwendung körpereigene Regulationen zur Überwindung der Krankheit in Gang setzt. Dies gilt auch für psychische Vorgänge. Seitdem die Wissenschaft immer mehr zur Erkenntnis gelangt, daß leichte Reize eine äußerst wichtige Rolle bei den Lebensvorgängen und dem Stoffwechselgeschehen spielen, ja diese durch winzige Mengen bestimmter Stoffe, wie zum Beispiel Hormonen oder Vitamine, gravierend beeinflußt werden, gewinnt die Homöopathie immer mehr an Bedeutung. Sie arbeitet mit kleinsten Mengen natürlicher Stoffe, die in großen Mengen ein ähnliches Wirkungsbild wie das Krankheitsbild haben. (So rufen zum Beispiel starke Dosen von Schwefel Hautveränderungen hervor, kleine homöopathisch zubereitete Dosen haben den gegenteiligen Effekt, also eine Heilwirkung.) »Similia similibus curentur«: Ähnliches werde durch Ähnliches geheilt, ist der Lehrsatz der Homöopathie.

Hochpotenzen wirken nicht mehr durch materielle Wechselwirkung, sondern mittels immaterieller, wellenförmiger Strahlungskräfte, die direkt auf die Vitalsphäre des Organismus einwirken. Man könnte auch sagen, daß es sich um subatomare Energien handelt, mit denen man heilt, sofern das Mittel auf der richtigen Wellenlänge liegt, eben dem Krankheitsbild ähnlich ist.

Die Arzneien können als Tabletten, als Flüssigkeit oder in Pulverform verabreicht werden. Ein Vorteil, der nicht hoch genug geschätzt werden kann, ist, daß homöopathische Gaben frei von jeglichen Nebenwirkungen sind. Im schlimmsten Fall hat man nicht das richtige Mittel getroffen

Einem gesunden und ausgeglichenen Hund lacht die Lebensfreude aus den Augen. (Golden Retriever)

und die Medikation bleibt wirkungslos. Kennen Sie den Witz: Eine Frau kommt aufgeregt zum Arzt. Ihr kleiner Sohn hat die ganze homöopathische Medizin auf einmal hinuntergeschluckt. Der Arzt fragt: »Hat er die Verpackung mitgegessen?« »Nein.« »Dann brauchen Sie sich keine Sorgen zu machen.«

Die Homöopathie hat sich in vielen Fällen von Angstzuständen, Erregung und Aggression bewährt: Bei einer Bellwut, als der noch mildesten Form einer nervösen Störung. Bei Angstbeißern, aber auch bei Tieren, die ihre Aggression durch Bellen und Knurren kundtun, bevor sie beißen. Fürchtet sich der Hund vor Gewitterdonner, Knallgeräuschen oder einem Tierarztbesuch, kann ihm ebenfalls geholfen werden. Auch Eifersuchtsreaktionen, Jähzorn und sexuelle Rivalitäten zwischen Rüden und Hündinnen können günstig beeinflußt werden, ebenso Heimweh und die Fahrkrankheit. Selbst allgemeine Schreckhaftigkeit kann gemildert werden.

Häufig angewendete homöophatische Mittel

➤ **Bellwut:** Lachesis D 200
➤ **Angstbeißen ohne vorherige Drohung:** Belladonna D 30, anschließend Calcium carbonicum 200 oder 1000
➤ **Beißen mit vorheriger Drohung:** Hyoscyamus D 30, später 200 oder 1000
➤ **Angst vor Donner und Knallgeräuschen:** Borax D 3 (schon 14 Tage vor Sylvester beginnen)
➤ **Angst vor dem Tierarzt:** Phosphorus 200 (schon 1 Stunde vorher)
➤ **Angst vor Alleinsein:** Arsenicum album 30, Phosphorus 30, Pulsatilla 30
➤ **Furcht vor Männern:** Lycopodium 30
➤ **Furcht vor allem Neuen:** Argentum nitricum D 12
➤ **Schreckhaftigkeit:** Kalium phosphoricum D 12
➤ **Eifersucht:** Hyoscyamus 200
➤ **Sexuelle Rivalität:** Platinum 200
➤ **Heimweh:** Ignatia 30
➤ **Fahrkrankheit:** Nux vomica D 30, Cocculus D 6, Petroleum 200

Bei den **Bach-Blüten-Konzentraten** handelt es sich um homöopathieartige Aufbereitungen (»Verdünnung«) der wäßrigen Auszüge von Blüten wildwachsender Pflanzen und Bäume. Diese werden mit Alkohol konserviert und später auf Einnahmestärke verdünnt. Im Konzentrat und der Verdünnung sind keine mikroskopisch nachweisbaren Wirkstoffe vorhanden. Die Bach-Blüten-Konzentrate helfen, seelische Fehlhaltungen zu harmonisieren. (Da gerade beim Tier ein sehr enger Zusammenhang zwischen Disharmonien und organischen Störungen besteht, wirken sie natürlich auch bei »physischen« Krankheitsbildern.)

Die Praxis hat gezeigt, daß Tiere oft besonders rasch, schneller als Menschen, auf die positiven Impulse der Bach-Blüten reagieren, so daß eine Harmonisierung innerhalb kurzer Zeit erreicht wird, vor allem wenn das Ungleichgewicht durch ein einschneidendes Erlebnis erworben wurde und nicht angeboren ist. Es ist so zum Beispiel möglich, daß ein scheues und ängstliches Tier mit Hilfe der Bach-Blüte Mimulus in wenigen Tagen seine Furchtsamkeit überwindet und Mut und Vertrauen entwickelt, besonders wenn gleichzeitig eine Verhaltenstherapie durchgeführt wird. Im Gegensatz zum Menschen hat das Tier allerdings nicht die Chance, bewußt an der Überwindung seiner seelischen Fehlhaltungen mitzuarbeiten.

Zuchtbedingte, also angeborene »Charakterfehler« lassen sich mit Hilfe der Bach-Blüten nur begrenzt beeinflussen, oft nur während der Zeit der Verabreichung. Häufig erweisen sich solche Verhaltensstörungen sogar als allgemein therapieresistent.

Es ist wichtig immer abzuklären, ob das veränderte Verhalten organische Ursachen hat. Mit Bach-Blüten-Konzentraten können keine Schäden behoben werden, die durch eine nicht artgerechte Haltung entstanden sind!

Ein Haustier steht in vielfältigen Beziehungen zu seiner Umgebung, dem Tierhalter, anderen Familienmitgliedern, anderen Tieren und so weiter. Oft spiegelt sein Verhalten Konflikte wider, die sich gerade in seiner unmittelbaren Umwelt abspielen, zum Beispiel Partnerschaftsprobleme in der Familie, Kummer des Besitzers. Was der Tierhalter als Untugend empfinden mag, kann ein seelischer Hilfeschrei des Tieres sein, das sich nicht anders zu äußern vermag. Dies läßt sich aber kaum dauerhaft korrigieren, wenn die verursachenden Faktoren bleiben. Das gemeinsame Energiefeld reagiert sehr sensibel auf kleinste Veränderungen. Daher lassen sich chronische Störungen beim Tier mit Hilfe von Bach-Blüten oft nur dann dauerhaft positiv beeinflussen, wenn sich gleichzeitig auch der Tierhalter einer Bach-Blüten-Therapie unterzieht.

Wie bei der Homöopathie, so kann auch mit den Bach-Blüten bei falscher Wahl des Mittels kein Schaden angerichtet werden und es treten auch keine Nebenwirkungen auf.

Gute Erfolge mit Bach-Blüten erzielt man vor allem bei akuten psychischen Störungen (zum

Beispiel Ängsten, Aggressivität), Verhaltensstörungen wie Unsauberkeit und Eingliederungspro-bleme, bei Notfällen aller Art (Notfall- oder Rescue-Tropfen aus der Apotheke besorgen) und als seelische Unterstützung in schwierigen Situationen (Arztbesuch, Geburt usw.).

Die beiden Schäferhund-Brüder strotzen vor Gesundheit.

Bach-Blüten zur seelischen Regulation

➤ Für schreckhafte, oft sensible Tiere mit ängstlichem Verhalten. Vage **Ängstlichkeit**, deren Grund häufig schwer zu bestimmen ist: Aspen-Blüte (Espe oder Zitterpappel).

➤ Die Hunde lehnen sich gegen ihre Artgenossen auf, verhalten sich intolerant und sind häufig **aggressiv**: Beech-Blüte (Rotbuche).

➤ Die Hunde zeigen auffällig **unsicheres Verhalten**, wirken meist unentschlossen, gehemmt und zögernd: Certo-Blüte (Bleiwurz oder Hornkraut).

➤ Die Tiere scheinen unter großem inneren Druck zu stehen und neigen zu plötzlichen Temperamentsausbrüchen: Cherry-Plum-Blüte (Kirschpflaume).

➤ Die Hunde **wollen ständig im Mittelpunkt stehen**. Sie erwarten von ihrer Umgebung volle Zuwendung und reagieren mit Protest, wenn sie diese nicht bekommen: Chicory-Blüte (Wegwarte), Heather-Blüte (Schottisches Heidekraut).

➤ Für **eifersüchtige Tiere**, die sich auffällig feindselig verhalten: Holly-Blüte (Stechpalme).

➤ Diese Tiere wirken **ungeduldig**, hektisch, leicht gereizt und neigen zu überschießenden Reaktionen: Impatiens-Blüte (Drüsiges Springkraut).

➤ **Scheue, furchtsame Tiere**, die häufig überempfindlich reagieren oder Angst vor bestimmten Situationen haben: Mimulus-Blüte (Gefleckte Gauklerblume).

➤ **Übertriebenes Beschützerverhalten:** Red Chestnut (Rote Kastanie).

➤ Für Hunde, die leicht in innere Panik geraten oder von **schweren Angstgefühlen** überwältigt sind: Rock-Rose-Blüte (Gelbes Sonnenröschen).

➤ **Zu dominante Tiere**, die versuchen andere Tiere oder auch Menschen zu tyrannisieren: Vine (Weinrebe).

Erste Hilfe mit Bach-Blüten (Rescue-Tropfen)

Rescue ist das bewährte Kombinationsmittel aus 5 Bach-Blüten-Konzentraten, das seit Jahrzehnten besonders auch bei Tieren mit großem Erfolg als Erste Hilfe in vielen kleineren und größeren Notfallsituationen angewendet wird. Oft wurden schon nach alleiniger Gabe von Rescue-Tropfen bei Tieren erstaunliche Selbstheilungsprozesse beobachtet:
Rescue besteht aus folgenden Bach-Blüten-Konzentraten:

- ➤ Star of Bethlehem – gegen Schock und Betäubung,
- ➤ Rock Rose – gegen Terror- und Panikgefühle,
- ➤ Impatiens – gegen Streß und Spannung,
- ➤ Cherry Plum – gegen Kontrollverlust und plötzliche Gefühlsausbrüche,
- ➤ Clematis – gegen die Tendenz »abzutreten«, in Bewußtlosigkeit abzugleiten.

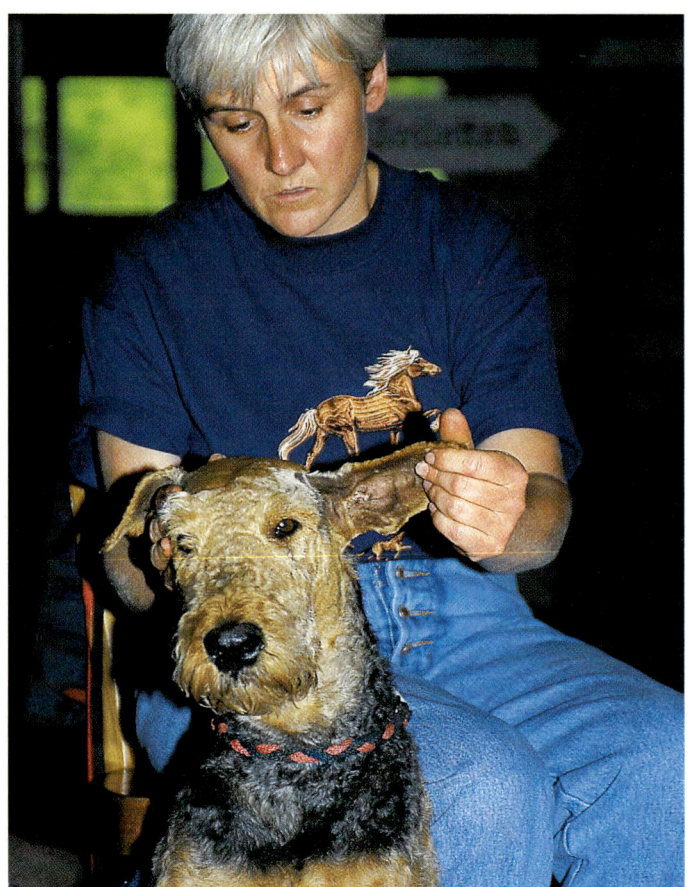

Robin Hood, die Schwester von Linda Tellington-Jones, bei der Arbeit mit dem TTouch. (Airdale Terrier)

Tellington-Touch

Das große Bestreben, ja die Lebensaufgabe von Linda Tellington-Jones ist es, eine vollkommen gewaltfreie Kommunikation mit dem Tier herzustellen. Zunächst arbeitete sie nur mit Pferden. Aufgrund ihrer Erfahrungen mit der Bodenarbeit mit Pferden, dem genauen Studium der Feldenkrais-Methode und der Akupunktur entwickelte sie verschiedene Techniken. Neben dem Gebrauch von Hilfsmitteln wie Halti und Gentle-Leader sowie der gewaltfreien Konfrontation des Hundes mit verschiedenen Bodenhindernissen, steht der eigentliche Tellington-Touch im Vordergrund der Behandlung. Auf den ersten Blick sieht das Ganze für den Nichteingeweihten wie eine einfache Körpermassage aus. Aber es bestehen grundlegende Unterschiede.

Beim Tellington-Touch findet nicht nur eine physikalische Einwirkung statt, sondern es ist auch die geistige Einstellung und bewußtes Atmen des Durchführenden von Wichtigkeit. Offenheit ist die Devise. Wenn man beginnt, mit dem Tier zu arbeiten, muß man sich einfach darauf konzentrieren, was man tut.

Es ist nicht nötig, krampfhaft eine Verbindung herstellen zu wollen. Das Fundament des TTouch (das doppelte »T« ist ein Markenzeichen) sind Kreisbewegungen mit dem Händen. (Bei besonders ängstlichen oder überaggressiven Tieren bedient man sich am Anfang der Hilfe eines langen Stabes als Verlängerung der Arme. So kann man außerhalb der Flucht- bzw. Angriffsdistanz des Tieres bleiben, bis es sich beruhigt hat.)

In verschiedenen Grifftechniken werden kleine, kreisende Bewegungen am ganzen Körper des Tieres durchgeführt. Die willkürlich gewählten Kreise sollen die Aufmerksamkeit des Tieres wecken. Da jeder Kreis eine in sich abgeschlossene Bewegung ist, kann man sich am Körper entlangarbeiten, wie man möchte, ohne an Wirkung zu verlieren. Wichtig ist, nur einen Eineinviertelkreis an einer Stelle zu einem Zeitpunkt zu machen. Der Kreis ist ein altes Symbol für unendliches Leben, für Erneuerung, Gemeinschaft, Ganzheit und das Selbst.

Forschungen über das Nervensystem haben ergeben, daß jede einzelne Körperzelle über eine eigene »Intelligenz« zu verfügen scheint. Die Kreise des TTouch scheinen einen Weg zu dieser »Zell-Intelligenz« zu vermitteln. Tellington geht davon aus, daß in den Zellen so das gespeicherte Wissen von Schmerz, vom Kranksein oder die Erwartung des Schmerzes freigegeben wird und gleichzeitig die »Erinnerung« an die verschlüsselt vorhandene Möglichkeit zur Heilung freigesetzt wird. Auch psychische Vorgänge, als grundlegende neuronale Reaktionen, werden so beeinflußt.

Der TTouch kann prinzipiell bei jedem aus der Bahn geglittenem Verhalten des Hundes angewandt werden. Auch hier kann man keinen Schaden anrichten. Selbst wenn man als Anfänger Fehler macht, so bringt meist schon die intensive Beschäftigung mit dem Tier eine Besserung.

Zur Anwendung der TTouch-Methode gehört auch die »Bodenarbeit« (auch über Hindernisse). Hier zwei Rüden (Malamute und Akita Inu), die bei einem Kurs am Anfang ständig aufeinander losgegangen sind. Mit beiden Rüden arbeiten je zwei Personen mit Halsband, Halti und Gerte. Letztere wird nur zum Einweisen und leichten Berühren verwendet.

Wie wird sie definiert?

Sowohl angeborene Anlagen als auch Umwelteinflüsse während der Jugendentwicklung prägen die Verhaltensindividualität eines einzelnen Hundes. Beides kann bei Haustieren erheblich variieren. So ist eine scharfe Grenze zwischen dem normalen Arttypischen und dem Abnormen nicht immer leicht zu ziehen. **Im allgemeinen wird man sich die orientierende Frage stellen, wie sich wohl ein anderer Artgenosse der selben Rasse in derselben bestimmten Situation verhalten hätte.** Aber auch nach solchen Vergleichen ist es in Grenzfällen nicht immer leicht, zu entscheiden, ob eine abweichende Eigenschaft bereits als krankhaft oder lediglich als mehr oder weniger gelungener Versuch einer Anpassung an eine eventuell extreme Situation zu betrachten ist.

Bei der Beurteilung der Situation darf man aber nicht menschliche Maßstäbe zugrunde legen. Verhaltensweisen, die in nicht außergewöhnlichen Umweltsituationen den Hund schlecht angepaßt erscheinen lassen, sind zum Beispiel: Übermäßige Ängstlichkeit auf der Großstadtstraße, so daß der Vierbeiner nur mit Gewalt zu halten ist. Aggressivität eines Hundes gegen den eigenen Besitzer in einem solchen Ausmaß, daß mit keinen Mitteln eine

Dominanz und Unterwerfung gehören zum normalen Hundeverhalten. Die zweite Hündin von rechts befindet sich in Bedrängnis.

Konkurrenz um ein »Beutestück« (hier ein Spielzeug) ist vor allem zwischen rivalisierenden Rüden normal. (Schäferhund und Deutsch Drahthaar)

Unterwerfung (Demutsgeste) erzielt werden kann. In beiden Fällen **tut das Tier etwas, das keinerlei biologischen Sinn erkennen läßt, oder die Stärke einer Tätigkeit steht in keinem Verhältnis zu dem durch die Umweltsituation gegebenen**

Anlaß. Relativ sichere Anzeichen für gestörtes Verhalten sind in rascher Folge und meist völlig regellos nacheinander auftretende, einander widersprechende Ausdrucksbewegungen. Zum Beispiel reibt ein Hund seinen Kopf an der Hand seines Herrn, um gestreichelt zu werden, und im nächsten Augenblick knurrt er mit eingekniffener Rute die liebkosende Hand an oder beißt sogar ohne Vorwarnung hinein. Meist treten abnorme Verhaltensweisen in bestimmten Situationen, in denen sich die Mehrzahl aller Artgenossen ganz anders verhalten würden, immer wieder auf. Der Hund kann dann durch nichts von seiner eingefahrenen Reaktionsweise abgebracht werden.

Weiter gibt es hartnäckige Verhaltensabnormitäten, die eigentlich die natürliche Reaktion auf frühere Erlebnisse (besonders in den sensiblen Phasen) darstellen und nur dann als unverständliches Gebaren eines Tieres erscheinen, wenn man von diesen früheren Schockerlebnissen nichts weiß. Manchmal reicht zu einer Fixierung ein einziges Erlebnis.

BEISPIEL Mir ist der Fall eines Cocker Spaniels bekannt, der lärmenden Kindern ängstlich aus dem Weg geht, außer wenn er sich in der Nähe eines Gewässers befindet. Dann attackierte er wütend jedes ahnungslos in der Nähe spielende Kind. Sonst ist er ein völlig friedfertiges und freundliches Tier. Nachforschungen ergaben, daß dieser Spaniel als Junghund Kindern in üblicher Weise zugetan war, bis er einmal als Objekt eines dummen Scherzes von Kindern ins Wasser geworfen wurde und fast ertrunken wäre, da steile Betonuferwände

das Anlandgehen fast unmöglich machten. Die Dauer und Stärke der nachhaltigen Wirkung eines Schockerlebnisses ist natürlich auch von Veranlagungsfaktoren abhängig. Einen harten Hund kann man so leicht nicht beeindrucken, ein weicher lernt sehr schnell aus unangenehmen Erfahrungen.

Es gibt Verhaltenseigentümlichkeiten, die für die Wildform als normal gelten. Wenn sie aber bei einem Haustier unter häuslichen Bedingungen wieder auslösbar sind, dann müssen sie als Abnormität angesehen werden. Dies trifft zum Beispiel besonders typisch für die Scheuheit zu. Sie ist das Ergebnis der natürlichen Auslese durch das Leben in der Wildnis. Bei der künstlichen Zuchtwahl durch den Menschen werden bestimmte, für einen Gebrauchszweck günstige Eigenschaften unter den Lebensbedingungen eines Haustieres gefördert, was schließlich zu bestimmten Rassencharakteren führt. Die eine Hunderasse ist besonders für Schutzfunktionen geeignet (Schäferhund, Rottweiler usw.), die anderen sind vornehmlich für den Jagdgebrauch gezüchtet (Vorstehhunde, Bracken usw.). Jede Verhaltensweise, die diesem Gebrauchsziel abträglich ist, wird als Fehler gewertet und führt in der Regel zu Zuchtverbot. Es hängt also häufig von der Art der Umstände ab, ob eine Verhaltensweise als abnorm oder als normal aufzufassen ist.

Wie kann eine Verhaltensstörung entstehen?

➤ angeborene Anlagen (auch Rückschlag auf Verhaltenseigentümlichkeiten der Wildform)

➤ schlechte Aufzuchtbedingungen und Umwelteinflüsse

➤ eigentlich natürliche Reaktionen auf frühere Erlebnisse

Dem Problem auf der Spur: das Verhaltensprotokoll

Um eine Verhaltensstörung richtig zu diagnostizieren und vor allem um den richtigen Behandlungsweg zu wählen, muß man sich zunächst ein möglichst genaues Bild der Ursachen und der Umstände des Fehlverhaltens erarbeiten.

Die Übersicht auf S. 38 gibt Hilfestellungen, welche Punkte dabei beachtet und welche Fragen beantwortet werden müssen. Im allgemeinen wird man als Laie nur in eindeutigen Fällen ohne fachliche Unterstützung erfolgreich arbeiten können. Die Übersicht soll daher insbesondere auch als Vorbereitung zu einem Besuch beim Tierpsychologen dienen.

Diagnose und Behandlung von Verhaltensstörungen

Beschreibung des Problems	Vorgeschichte	Allgemeine Informationen
Was macht der Hund im einzelnen?	Wann zeigte sich das Verhalten erstmalig?	Sonstiges Verhalten des Hundes
Wann und wo äußert sich dieses Verhalten?	Unter welchen Umständen setzte es ein?	Tagesablauf des Hundes (Schlafplatz, Fütterung)
Was folgt danach?	Wurden bereits Behandlungsmethoden versucht?	Mitglieder des Haushalts
		Verhältnis des Hundes zu anderen Familienmitgliedern
		Einstellung des Besitzers

↓ ↓ ↓

Interpretation des Verhaltens

Welche Aspekte sind instinktiv?

Welche Aspekte sind erlernt?

Spielen Angst oder übermäßige Erregung eine Rolle?

↓

Ursachen

Spielen hormonelle Faktoren eine Rolle?

Gibt es genetische Faktoren, körperliche Veranlagungen oder frühzeitige Umwelteinflüsse?

Worin bestehen die auslösenden Reize?

In welcher Beziehung steht das Problemverhalten zum sonstigen Verhalten des Hundes?

Trägt die Einstellung des Besitzers dazu bei?

↓

Verfügbare Behandlungsmethoden

Operativ, Kastration (S. 53)

Medikamente: Tranqilizer, synthetische Progesterone (S. 30)

Verhaltenstherapie:
Beseitigung oder Veränderung des auslösenden Reizes (z. B. S. 64),
Änderung des Belohnungszeitpunktes (S.13f.),
systematische Desensibilisierung (S. 19)

Einflußnahme auf die Einstellung des Besitzers:
Änderung der Bewertung des Hundeverhaltens,
Änderung des eigenen Verhaltens,
Vermittlung besserer Kenntnisse

(nach Valerie O'Farrell, Verhaltensstörung beim Hund, 1991)

Das Thema Aggression und deren tiergerechten Beurteilung ist mit eine der schwierigsten Fragen der Verhaltensforschung (Ethologie) und Tierpsychologie. Oftmals schon haben sich auch in der Fachwelt die Gemüter erhitzt. Ein gutes Beispiel ist die lebhafte Diskussion, die das berühmte Buch von Altmeister Konrad Lorenz »Das sogenannte Böse« ausgelöst hat. Letztendlich ist es natürlich eine moralische Frage, wie Aggression zu bewerten ist. Ich denke für den normalen Hundehalter sind diese Überlegungen eher zweitrangig. Für ihn ist der Schaden, den der Hund mit seinem Verhalten anrichtet, maßgebend. Trotzdem sollte man sich immer wieder ins Gedächtnis rufen, daß viele aggressiven Verhaltensweisen in den Augen des Hundes völlig natürlich sind. Der Mensch war nur nicht in der Lage, den Hund richtig zu behandeln und sein Verhalten zu interpretieren. Erfahrungsgemäß werden ca. 80 % aller Hundekandidaten dem Tierpsychologen wegen aggressiven Verhaltens vorgestellt. Bevor man den Hund behandeln kann, muß man zunächst einmal feststellen, um welche Art der Aggression es sich bei ihm handelt. Manchmal ist das Erkennen der Ursache relativ leicht, aber manchmal muß man auch genau forschen, um die Wurzel des Übels zu eruieren. Die Tierpsychologie unterscheidet verschiedene Arten von Aggressionen:

➤ Dominanzaggression gegenüber Menschen und anderen Hunden

➤ Aggressionen beim Verteidigen des Territoriums

➤ Geschlechtsrivalitäten und mütterliche Aggressionen bei der Verteidigung der Welpen

➤ Eifersuchtsaggressionen (kompetitive Aggression)

➤ Beuteaggression

➤ Angst- und Schmerzaggression (Angstbeißen)

Dominanz als natürliche Verhaltensweise

Beobachtet man verschiedene Gruppen soziallebender Tierarten in freier Wildbahn, fällt auf, daß eine fest etablierte Hierarchie offensichtlich das Zusammensein der Gruppe so regelt, daß Streitigkeiten reduziert werden. Dies ist auch sinnvoll, da der Überlebenskampf zu hart ist, um Energie auf unnütze Dinge zu verschwenden. Aus diesen Beobachtungen heraus haben die Verhaltensforscher das Konzept »Dominanz« entwickelt. Es geht darum, wer der Überlegene und wer der Unterlegene ist. Dreh- und Angelpunkt ist immer der Zugang zu verschiedenen Ressourcen: Futter, Wasser, Liegeplätze oder Geschlechtspartner. Eine besondere Form der Dominanzaggression ist der Kampf um die Führung im Rudel, der in der Natur nur dann stattfin-

det, wenn sich ein neues Rudel bildet, der alte Führer stirbt oder öfter versagt.

Bei klaren Verhältnissen wird die Führerschaft kaum angezweifelt. Es gibt verschiedene Faktoren, die bei Hunden für die Rangordnungsbeziehungen von Bedeutung sind: zum Beispiel die Körpergröße, das Gewicht, das Geschlecht, der hormonelle Status, aber ebenso Früherfahrungen und erlerntes Verhalten. Dominanz ist im Wild-Rudel nichts Absolutes, solange der Überlegene nicht unbedingt eine Ressource haben will. So kann es vorkommen, daß ein rangniedrigeres Tier zum Beispiel im Besitz von Futter ist. Nähert sich nun ein dominantes Tier, das von der Stellung her im Rudel berechtigt wäre, Anspruch auf das Fressen zu erheben, aber durch Sättigung nicht sonderlich interessiert ist, kann es vorkommen, daß das unterlegene Tier dem dominanten droht und daß sich dieses zurückzieht.

Aber Vorsicht! Dieses Prinzip ist eines der wenigen, das man nicht vom Wolfs- auf das Mensch-Hund-Rudel übertragen darf! Nie darf ein Hund seinen Besitzer oder auch dessen Familie ernsthaft androhen, wenn dieser/diese ihm etwas wegnehmen wollen! Das Phänomen äußert sich selbst in intakten Beziehungen (von den meisten Haltern unbemerkt) anders: Drängt Ihr Hund nicht auch vor Ihnen durch die Türe? Erlaubt er sich, hin und

In der Welpenspielstunde unterwirft sich eine kleine Mischlingshündin einem jüngeren Schäferhund-Welpen.

Dominanz unter Hunden ist eine natürliche Verhaltensweise. Hier versucht eine Golden-Retriever-Hündin ihren Mischlings-Partner zu dominieren.

wieder die Couch oder gar das Bett zu benutzen? Fordert er sie manchmal penetrant dazu auf, mit ihm zu spielen oder ihn zu streicheln, solange bis Sie nachgeben? Das sind alles Dinge, die sich eigentlich nur der Dominante erlauben darf.

Solange es im Grundprinzip stimmt und der Hund Ihnen ein folgsamer und angenehmer Kamerad ist, liegt es an Ihnen, inwieweit Sie dem Hund solche Kleinigkeiten gewähren lassen. Wir werden aber noch sehen, daß dies auch Punkte sind, die man bei Dominanzproblemen beachten muß.

Es ist durchaus möglich, daß sich Hunde nur in Teilbereichen ihrem Halter gegenüber dominant verhalten und auf anderen Gebieten unterordnungsbereite Gefährten sind. Es gibt zum Beispiel viele ansonsten sich völlig normal benehmende Hunde, die vehement ihr Futter verteidigen. Manche Rüden wiederum fühlen sich so als Herr im Haus, daß sie sich dazu verleiten lassen, auch im Haus zu markieren, vor allem, wenn Besuch kommt.

Die Denkweise des Hundes: Das ist alles Meines und das will ich auch demonstrieren.

Der nächste Schritt ist, daß der Rüde, sobald er in ein fremdes Territorium kommt (also zum Beispiel zu einem Besuch mitgenommen wird) dort Besitzansprüche stellt und markiert. Das ist äußerst energisch zu unterbinden.

➤ Die Signale für Dominanz

Hunde haben ein unglaublich feines Signalsystem entwickelt, das ihre dominante Stellung oder Unterlegenheit widerspiegelt (siehe auch die Grafik).

➤ **Typische Körperhaltung bei Dominanz:** direkter, langer Augenkontakt; Ohren aufrecht und nach vorne gestellt; Lippen nach unten gezogen; Kopf hoch erhoben; steif gestreckte Beine; Schwanz horizontal oder aufgestellt

➤ **Verhaltenssignale der Dominanz:** den Kopf oder die Pfote(n) auf den Nacken oder Rücken des Unterlegenen legen; »Stehen über« einem Unterlegenen; mit dem Körper stoßen; die Schnauze oder den Nacken des Unterlegenen packen; Aufreiten (wenn nicht sexuell motiviert)

➤ **Signale der Unterlegenheit:** Vermeidung von Augenkontakt; horizontal zurückgezogene Lippen; tief gehaltener Kopf und Schwanz; Ohren flach angelegt; gedrückte Körperhaltung; »auf den Rücken legen«, manchmal begleitet von unterwürfigem (submissiven) Harnen

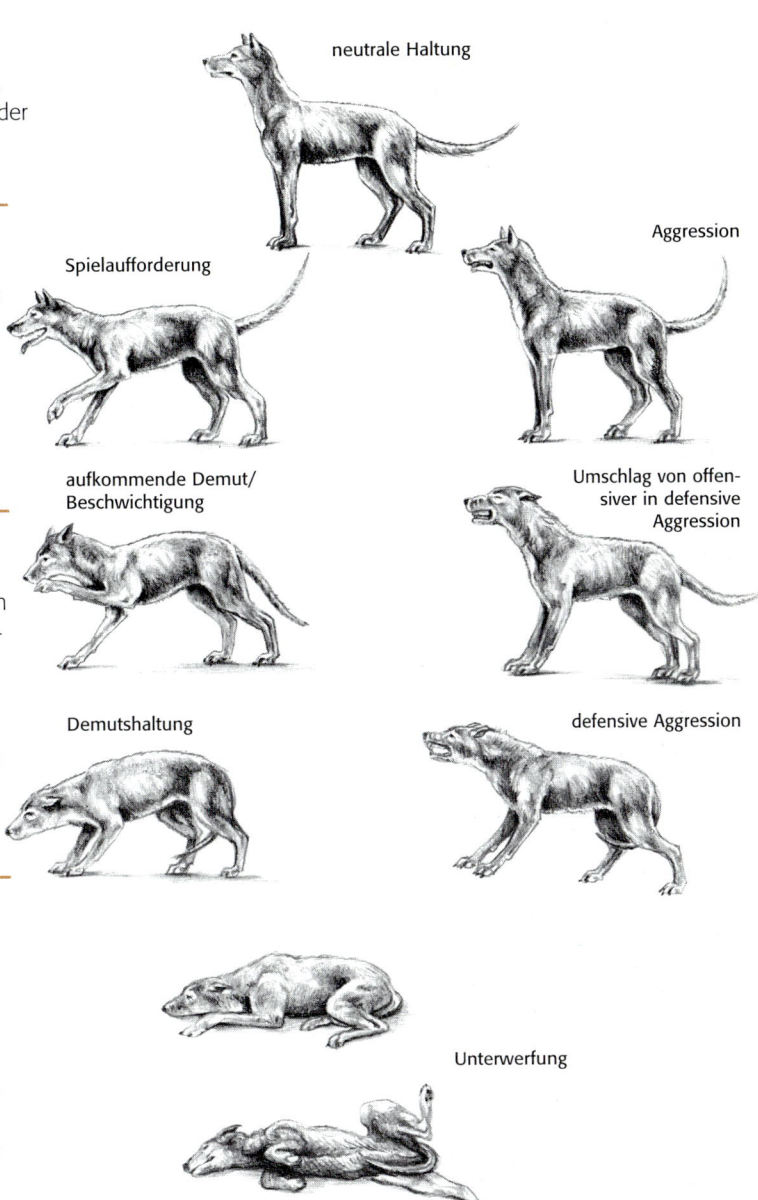

neutrale Haltung

Spielaufforderung

Aggression

aufkommende Demut/ Beschwichtigung

Umschlag von offensiver in defensive Aggression

Demutshaltung

defensive Aggression

Unterwerfung

Der unterwürfige Hund leckt die Lefzen des dominanten Tieres. Vor allem junge Hunde zeigen solch ein Verhalten gegenüber älteren. (Schäferhund und junger Mischling)

Die sogenannte T-Stellung. Der Drahthaar-Rüde Olex dominiert über den Schäferhund-Rüden Donar.

Wie ernst man diese Signale nehmen muß, zeigt folgendes Beispiel. Vor 20 Jahren war ich auf dem Gebiet offener Aggression in der Praxis noch vollkommen unerfahren – und machte prompt einen folgenschweren Fehler. Ich überlegte mir einen zweiten Hund zuzulegen. Da erfuhr ich von einem fünfjährigen Langhaarschäfer-Rüden, der durch einen Todesfall verweist war. Ein Nachbar hatte den Hund zunächst in seiner Zwingeranlage untergebracht. Ich besuchte den Hund zwei-, dreimal und ging mit ihm spazieren. Es war ein selbstsicherer, imposanter Rüde, der mir sehr gut gefiel. Sein Benehmen war unauffällig. Von seiner Vorgeschichte wußte ich nichts. Dann nahm ich ihn versuchsweise mit nach Hause. Folgende Situation ergab sich: Ich befand mich in der Küche. Der Hund verhielt sich vollkom-

Schäferhund Donar dominiert klar über den kastrierten Mischlings-Rüden Wotan.

men neutral und erkundete ruhig schnuffelnd den Raum. Ich wendete mich dem Tisch zu, um etwas abzulegen. Der Rüde kam zu mir her und stellte dicht neben mir beide Pfoten auf den

Tisch. Er knurrte nicht. Wenn ich nicht so unerfahren gewesen wäre, hätte ich aus seiner Körperhaltung heraus erkennen können, daß er mich herausfordern wollte. Ich tat nun aber das Falscheste, was man nur hätte tun können. In der Meinung, der Hund suche den Körperkontakt, um Zuwendung zu erhalten, legte ich einen Arm auf seine Schulter. (Genauso schlimm wäre es gewesen, wenn ich ihm als menschliches Zeichen der Freundschaft tief in die Augen geschaut hätte.) Dann ging alles blitzschnell. Ohne einen Laut von sich zu geben, griff mich der Rüde an und warf mich zu Boden. Im Falschen tat ich jetzt instinktiv das Richtige und blieb ruhig liegen.

Damit war für den Hund die Sache geklärt: Er hatte mich herausgefordert, ich hatte ihn herausgefordert, er hatte mich unterworfen. Ein gewaltiger Schock und etliche tiefe Bißwunden an den Armen waren zunächst einmal das Resultat dieses Anschauungsunterrichts über Dominanzverhalten.

Wie ist der Vorfall zu bewerten: Der Fehler lag eindeutig bei mir. Der sehr dominant veranlagte und durch seine Situation auch verunsicherte Hund hatte instinktsicher gehandelt und auch sofort abgelassen, als er mich unterworfen hatte.

Ich bin jetzt noch der Überzeugung, daß dieser Hund, wenn die Rudelführerfrage auf andere Weise geklärt worden wäre, ein hervorragender Gebrauchshund geworden wäre. So hatte ich freilich verspielt. Der nächste Angriff wäre vorprogrammiert gewesen. Schweren Herzens gab ich den Hund zurück.

Schon Welpen üben das Spiel von Dominanz und Unterwerfung. Junger Golden Retriever dominiert über einen Mischlingswelpen.

Später habe ich erfahren, daß er auch seinen Zwischenherrn mehrmals ernsthaft gebissen hat. Leider habe ich den Weg des Tieres dann aus den Augen verloren.

Wie hätte man die Situation vermeiden können? Am Tisch gab es nur zwei Möglichkeiten: Erstens hätte ich das Verhalten des Hundes ignorieren können und wäre für dieses Mal einfach weggegangen. Oder ich hätte die Herausforderung bewußt annehmen und mich dem Kampf stellen müssen. Das wäre aber nur dann sinnvoll gewesen, wenn ich auch Aussicht auf Erfolg gehabt hätte. Nach meinem heutigen Wissen, hätte ich den Hund zunächst einmal zur Ruhe kommen lassen und jede gefährliche Situation bewußt meiden müssen. Hier wäre die Unterbringung in

einem guten Zwinger dicht bei mir am Haus (den ich damals nicht hatte) für einige Zeit angebracht gewesen. Ich hätte von außen möglichst oft unaufdringlichen Kontakt mit dem Rüden aufnehmen und ihn vor allem regelmäßig füttern sollen. Dann hätte die Zeit wirken müssen. Nächste Schritte wären auf jeden Fall erst dann zu unternehmen gewesen, wenn das Tier von sich aus positiven Kontakt zu mir aufgenommen hätte. Die genaue Beobachtung seines Verhaltens hätte mir sagen müssen, wann sich die Lage entspannt hätte. Vielleicht wäre das Spielen der nächste Schritt gewesen. Dabei hätte ich sicherlich aber auf Beuteaggression achten müssen. Keiner kann heute sagen, wie die Geschichte ausgegangen wäre. Vielleicht hätte der Rüde Vertrauen zu mir gefaßt und sich eines Tages freiwillig unterwerfen. Ein erstes Zeichen dafür wäre zum Beispiel gewesen, wenn er sich vor mir auf den Rücken gelegt hätte. Vielleicht wäre das Experiment aber auch mißlungen oder der ja schon fünfjährige Hund hätte es in einer kritischen Situation dann doch noch auf eine körperliche Auseinandersetzung ankommen lassen.

Dominanz-aggression gegenüber Menschen

➤ Erscheinungsbild

➤ Er konkurriert aggressiv gegenüber einer Ressource wie Nahrung, Liegeplatz oder Partner.

➤ Er zeigt Dominanzsignale und nimmt auch gegenüber dem Halter dominante Körperhaltungen ein.

➤ Er beantwortet dominante Signale vom Halter wie Streicheln, Umarmen oder Stoßen mit Aggression (Knurren oder Schnappen) oder lehnt sich zumindest auf.

Dominanzaggression können Rüden und Hündinnen zeigen. Wenn auch sicherlich manche Rassen mehr die Veranlagung zu aggressivem Verhalten haben als andere, so kann es doch prinzipiell bei allen Rassen und natürlich auch Mischlingen vorkommen. In der Praxis überwiegen intakte, et-

wa zweijährige Rüden. Es kommt häufig vor, daß dominante Hunde nur aggressiv gegenüber allen Familienmitgliedern oder nur einem davon sind, fremden Personen und anderen Hunden gegenüber sich dagegen freundlich verhalten.

Typische Situationen, die Dominanzaggressionen hervorrufen können:

➤ Der Besitzer nähert sich dem gefüllten Futternapf oder einem anderen Gegenstand im Besitz des Hundes (Beuteverhalten) oder er versucht, dem Hund diesen wegzunehmen.

➤ Eine Person nähert sich dem Liegeplatz des Hundes oder versucht, das ruhende oder schlafende Tier wegzubewegen.

➤ Manchmal reicht das bloße Eintreten in ein Zimmer, in dem sich der Hund befindet.

➤ Vor allem an Engstellen und an der Tür kann es zu Konkurrenz über das Recht des Vortritts geben.

➤ Der Besitzer wirkt körperlich auf den Hund so ein, daß dieses als Dominanz gewertet wird. Das kann ein bloßes Streicheln sein, ein Umarmen, ein Wegstoßen, ein Heben der Schnauze, Schlagen, auf den Rücken zwingen oder auch die Kontrolle über die Leine.

➤ Man starrt den Hund an.

➤ Der Hund duldet keine lauten Befehle oder Schimpfen.

Der Hund kann auf für ihn kritische Situationen in verschiedener Weise reagieren: Zaghaftere knurren nur, andere schnappen und in Extremfällen erfolgt ein ernsthafter Angriff. Oft sind die bestürzten Besitzer der Meinung, der Hund habe ohne Vorwarnung und unprovoziert gebissen. Wenn man dann hartnäckig nachfragt, kommt oft die Erinnerung, daß der Hund so einen »komischen« oder »glänzenden« Blick in den Augen hatte. Was übersehen wird: Dies war tatsächlich dominantes Fixieren, also eindeutiges Drohen.

Es kann durchaus sein, daß Dominanzaggression gegenüber Menschen nur gezeigt wird, wenn der Hund durch eine bestimmte Situation dazu aufgefordert wird. »Wenn man ihn in Ruhe läßt oder ihn dies oder das tun läßt, dann ist er der bravste Hund der Welt.« Solche oft gehörten Aussagen sind typisch für Dominanzprobleme.

Ein Hund akzeptiert auch nicht automatisch alle Familienmitglieder. Dann gilt sein Aufbegehren nur einzelnen Personen. Oft sind es heranwachsende Kinder, die in den Augen des Hundes ihren »Welpen-Schutz« verlieren.

Das geschieht meist in dem Moment, in dem sich das Kind dem Hund gegenüber durchzusetzen versucht.

Wenn ein Hund solch ein Gesicht macht, sollte ein Fremder lieber nicht näher kommen.
Der Schäferhund droht offensiv.

➤ Ursachen

- ➤ Dominanz durch den Hund zur Herstellung stabiler Rangbeziehungen
- ➤ zu nachsichtige Besitzer
- ➤ alle Wünsche des Hundes werden erfüllt
- ➤ körperliche Krankheiten

Dominanz an sich ist ein völlig **natürliches Phänomen**. Es tritt bei allen in Gruppen lebenden Tierarten auf. Beeinflußt wird Dominanzverhalten durch genetische, hormonelle und umweltbedingte Faktoren.

Sinn ist es, innerhalb der Gruppe realtiv stabile Rangbeziehungen aufzubauen. Im »Familienrudel« kann Dominanz in dem Moment zum Problem werden, in dem

die Verhältnisse zwischen dem Menschen und dem Hund unklar sind. Der eine oder andere stellt dabei die Dominanz in Frage.

Wichtig zu wissen ist, daß man den Hund durchaus auch unbeabsichtigt ermutigen kann, sich selbst als den Herrn im Haus anzusehen. Dabei ist ausschlaggebend, daß der Mensch dem Hund **gegenüber zu nachsichtig** ist. Selbst eigentlich so unverfängliche Handlungen wie soziale Interaktionen können für den Hund zum Dominanzmittel werden, wenn sie immer wieder von ihm initiiert werden und man all seinen Wünschen nachgibt.

Auch das Schlafen auf dem Bett des Besitzers gehört dazu oder das Wegdrängen des Halters beim Durchtritt durch die Türe. Gestattet man dem Hund häufig dominante Körperhaltungen einzunehmen oder weicht man gar Anzeichen von Dominanzaggression zurück, dann sind die Weichen zum Entstehen von Problemverhalten gestellt.

Körperliche Krankheiten wie ein Gehirntumor oder Tollwut und ebenso eine Überfunktion der Schilddrüse können zu gesteigerter Aggression führen. Die Gabe eines Hemmstoffes wird im letzten Fall Abhilfe schaffen. Wenn ein Hund ohne jedes Krankheitsanzeichen und ohne jeden Grund plötzlich völlig unberechenbar und massiv bissig wird, muß man die Möglichkeit eines Gehirntumors in Betracht ziehen.

Schäferhund-Rüde Ajax war 1 Jahr lang ein braver, unauffälliger Hund. Von einem Tag auf den anderen fiel er ohne erkennbaren Grund die dreizehnjährige Tochter der Familie an. 8 Wochen später wiederholte sich solch ein Vorfall. Das Kind mußte genäht werden. Von da an erfolgten in immer kürzeren Abständen Angriffe, während denen der Hund einen vollkommen geistesabwesenden Eindruck machte. Davor und danach war er ein liebevolles, verspieltes Tier. Eine computertomographische Untersuchung ergab einen inoperablen Gehirntumor. Ajax mußte eingeschläfert werden.

➤ Gegenmaßnahmen

➤ direkte Methode: aktive Begegnung einer Dominanzaggression des Hundes mit Dominanzzeichen des Besitzers; Erkennen von unterwürfiger (submissiver) Dominanz

➤ indirekte Methode: Belohnung von erwünschtem Verhalten durch etwas vom Hund stark Begehrtes; keine direkte Konfrontation

➤ Kastration des Rüden

➤ Medikamente

Wenn sich an den belastenden Gegebenheiten etwas ändern soll, dann müssen klare Dominanzverhältnisse zwischen dem bedrohten Menschen und dem Hund hergestellt werden.
Im Prinzip gibt es dazu zwei Methoden. Die direkte Methode verlangt mehr physische (körper-liche) und psychische Kraft und die indirekte vor allem hundertprozentige Konsequenz.

➤ Die direkte Methode

Diese Methode ist emotional und manchmal auch physisch anstrengend, also nichts für schwache Gemüter. Im Prinzip wird jeder Akt der Dominanzaggression des Hundes vom Besitzer beziehungsweise dem geplagten Menschen immer wieder mit einem Akt der Dominanz begegnet. In der Praxis wird man mit Situationen beginnen, in denen der Hund erfahrungsgemäß nur milde aggressiv reagiert. Man setzt den Hund nun immer wieder diesen Situationen aus. Wenn der Hund herausfordert, antwortet man mit Gesten der Dominanz. Man kann den Hund am Nacken packen und schütteln. Man muß dabei auch in Kauf nehmen, daß der Hund kurz aufquietscht. Wird ein Wolfs-Welpe oder Jungwolf von einem überlegenen Tier gemaßregelt, dann gibt es oft Geschrei. Besonders bei großen Hunden und wenn man sehr kleine Hände hat, kann man seine Kraft verstärken, indem man eine Würgekette verwendet. Sobald der Hund Anzeichen von Aggression zeigt, packt man ihn an der Kette, schüttelt und hebt ihn kurz aus, so daß sich das Halsband zusammenzieht.
Nur wenn der Hund außergewöhnlich stark und dominant ist, wird man ein Stachelhalsband verwenden. Um Mißverständ-nissen zubeugen: Das sogenannte Stachelhalsband sticht nicht, die Dornen sind stumpf (siehe S. 24). Nicht anders wird ein Wolf durch Zähne in seinem Nacken gemaßregelt. Je enger das Halsband gestellt ist, desto wirksamer ist es.
Wenn sich die Aggression an einem begehrten Objekt (zum Beispiel dem Futternapf) aufbaut, dann muß man dem Hund diesen wegnehmen oder ihn resolut wegstoßen. Gerade in Bezug auf Futter sollte man aber das richtige Maß behalten und den Hund nicht zusätzlich unter Streß setzen, indem man ihm zu oft und zu lange das Futter wegnimmt. Der Hund droht, wenn sich der Besitzer der Futterschüssel nähert. Der Beherzte setzt sich durch und nimmt dem Hund trotzdem die Schüssel weg. Sobald sich nun der Hund friedlich zeigt, muß man ihm das Futter unbedingt sofort wieder geben und ihn loben. Ich würde die Prozedur auch nicht mehr als zwei-höchstens dreimal pro Fütterung durchführen.
Nicht nur beim Futter ist es wichtig, das **Ausbleiben von Aggression sofort zu belohnen**. Ob das mit Futter, Spiel oder Streicheln (sofern dies vom Hund nicht als Dominanzgeste betrachtet wird) geschieht, hängt von der Situation und den Vorlieben des Hundes ab.
Wenn der Hund in mehreren Situationen aggressiv wird, empfiehlt es sich, mit der Löschung

Gut erzogene und ins Familienleben eingegliederte Hunde zeigen seltener Problemverhalten. Putzi, 18 Jahre alt, kann nicht mehr so mithalten und wird deshalb gefahren.

dominant ist, einzeln zu üben. Also nimmt zuerst ein betroffenes Familienmitglied dem Hund kurz die Schüssel weg und erst wenn das klappt ein anderes. **Hauptpunkt bei dieser Methode: Der Mensch muß immer gewinnen. Setzt sich der Hund letztlich auch nur ein einziges Mal durch, hat es die gegenteilige Wirkung und der Dominanzstatus des Hundes verstärkt sich sogar!**

An dieser Stelle möchte ich eine Art der Dominanz ansprechen, von deren Existenz die meisten Hundebesitzer nichts wissen, die sogenannte **submissive Dominanz**. Es ist nämlich durchaus möglich, daß es unser schlauer Vierbeiner nicht mit offenem Aufstand versucht, sondern sozusagen durch die Hintertüre. Der Clou bei der Sache ist, daß es dem Hund ohne jegliche Aggression gelingt, seinen Führer zu beherrschen.

Hat ein Hund zum Beispiel die Erfahrung gemacht, daß er sich nur auf den Rücken zu legen braucht, um die Durchsetzung einer Anweisung zu vermeiden, dann wird er dieses Verhalten immer wieder gezielt einsetzen, um seinen Willen durchzusetzen. Das heißt das Zeichen für Unterwerfung erhält den Inhalt von Dominanzverhalten. Hunde sind nicht dumm und kennen ihre Menschen ganz genau. Wenn es nicht so ernst wäre, wäre es manchmal schon drollig, was sie sich da alles einfallen lassen.

einer einzigen zu beginnen. Aber Achtung: Solange der Hund nicht positiv reagiert, darf er sich in den vorerst zurückgestellten Situationen niemals durch Dominanz durchsetzen. Am besten man meidet solche Situationen, bis in der Übungssituation Besserung eintritt. Wenn man ernsthaft etwas ändern will, dann muß man regelmäßig (mindestens einmal täglich) und konzentriert Trainingssitzungen veranstalten, zum Beispiel immer zur Fütterungszeit, bis die Zeichen der Aggression in dieser Situation ausbleiben. Hat man das im Griff kann man eine weitere kritische Situation dazunehmen. Jetzt wird sich zeigen, ob der Hund das Gelernte verallgemeinert, oder ob der Kampf von neuem losgeht. Es ist auch sinnvoll mit jeder Person, gegenüber der der Hund

Das reicht vom niedlichen Männchenmachen über bettelndes Pfotegeben bis zum herzerweichenden Blick.

➤ Die indirekte Methode

In vielen Fällen hat sich das umgekehrte Dominanzverhältnis erst entwickeln können, weil der Besitzer sich emotional und körperlich hat nicht durchsetzen können. Ihm die direkte Methode zu empfehlen, wäre absolut sinnlos. Aber es geht auch anders. Dem Hund wird solange Nahrung und/oder Zuwendung entzogen (Deprivation), bis er, nur um an das Begehrte zu gelangen, die Befehle des geplagten Besitzers befolgt, was natürlich sofort belohnt wird. Dadurch wird die Dominanzstellung des Halters verstärkt.

Zu Beginn des Therapieprogrammes füttert man den Hund für 24 Stunden nicht. Bei einem erwachsenen und gesunden Hund ist das überhaupt kein Problem. Auch der Wolf findet nicht jeden Tag Beute. In ganz extremen Fällen kann man die Dauer auf maximal 3 Tage erhöhen. Bei Welpen (bis ca. 4–5 Monate) läßt man höchstens eine Mahlzeit ausfallen und Junghunde darf man nicht länger als 1 Tag hungern lassen.

Zweitens, und das ist mindestens ebenso wichtig, ignoriert man den Hund komplett. Man gibt höchstens einfache Befehle, wie »Sitz« oder »Platz«, wenn der Hund dies ohne Murren befolgt.

Allgemeine Maßnahmen zur Stärkung der eigenen Dominanz

- ➤ absolute Konsequenz in der Durchsetzung von Kommandos
- ➤ im Notfall auch am Nackenfell schütteln
- ➤ dem Hund hin und wieder Futter oder Spielzeug wegnehmen
- ➤ unterwürfige (submissive) Dominanz erkennen
- ➤ keine Reaktion auf Aufmerksamkeit erheischendes Verhalten des Hundes zeigen
- ➤ nicht auf seine direkten Kontaktaufforderungen eingehen
- ➤ den Hund nicht im Bett schlafen lassen
- ➤ Übersteigen des liegenden Hundes
- ➤ Fütterung des Hundes nach dem Essen
- ➤ der Hund darf nicht vor dem Menschen durch eine Türe stürmen
- ➤ an der Leine bestimmt der Mensch Tempo und Wegverlauf des Spazierganges

Wenn er bis jetzt im Bett des Besitzers schlafen durfte, wird ihm das nun generell verwehrt. Läßt sich der Hund nicht ohne Aggression vom Bett entfernen, dann muß man darauf achten, daß er erst gar nicht hinaufgelangt. Wichtig ist, daß alle Familienmitglieder strikt angewiesen werden, für die Dauer der Behandlung (2–3 Wochen) den Hund auch dann nicht zu streicheln, wenn dieser von sich aus Aufmerksamkeit oder Zuwendung sucht.

Wenn der Hund hungrig nach Nahrung und Liebe ist, beginnt man damit, daß die bisher unterlegene Person mehrmals am Tag (nicht öfter als einmal pro Stunde) dem Hund zunächst sehr freundlich, um ihn nur ja nicht unnötig herauszufordern, einen Befehl erteilt. Je weniger sicher der Besitzer ist, desto eher wird er sich ein Kommando aussuchen, das der Hund schon einigermaßen befolgt.

Wenn es in mehreren Bereichen Schwierigkeiten gibt, sucht man sich das am leichtesten zu lösende Problem aus. Wenn der Hund von klein auf im Haushalt war, ist es vielleicht gelungen, ihm die Grundbegriffe (»Sitz«, »Platz«, »Hier«, »Aus«) noch einigermaßen zu vermitteln, bevor der Hund stark genug wurde, um sich aufzulehnen. Das Argument »Ja, aber »Sitz« macht er ja« ist menschlich gedacht sicherlich richtig. Wenn man aber die Lernart des Hundes berücksichtigt, dann wird man sehen, daß der Weg über unverfängliche Befehle der bessere ist. Zunächst lernt der Hund in jedem Fall, daß es für Gehorchen zuverlässig eine Belohnung gibt. Das erhöht schon einmal generell seine Bereitschaft und man kann schnell zu problematischeren Situationen übergehen.

Wie verhält man sich nun aber bei einem Hund, dessen Problem es ja gerade ist, daß er sich

Das Gegenteil von Aggression ist aktive Unterwerfung.

Für das »Aus« muß der Futterreiz, den man dem Hund bietet (das kann aber auch ein heiß begehrtes Spielzeug sein), sehr viel stärker als der Beutereiz sein, dann wird der Hund von sich aus loslassen (Beutetausch). Wenn der Hund folgt, wird er sofort mit Streicheln, kurzem aber herzlichem Lob und einem Teil seiner Tagesration an Futter belohnt. Wenn er nicht folgt, wird der Vierbeiner während der nächsten Stunde von allen Familienmitgliedern komplett ignoriert. Beginnt man mit eigentlich unproblematischen Befehlen, reichen oft schon 1–2 Tage aus, bevor der Hund positiv gestimmt reagiert. Bei schwierigeren Problemen kann man ungefähr mit einer Zeitdauer von 2 Wochen rechnen, bis sich die ersten Erfolge gefestigt haben. Erst wenn ein Befehl zuverlässig ohne jegliches Anzeichen von Aggression ausgeführt wird, kann man beginnen, weitere Befehle und Situationen zu trainieren. Im Laufe der Zeit sollte man in der Lage sein, das Verhältnis auch äußerlich deutlich zu kippen, indem man selbst immer mehr Zeichen von Dominanz anwendet. So werden zum Beispiel die Befehle härter, man stößt den Hund von der Futterschüssel weg oder steigt über ihn hinweg.

Es kann nicht nachdrücklich genug betont werden, wie wichtig es ist, daß der Hund zwischen den Trainingsperioden von allen komplett ignoriert wird und auch

generell ernsthaft widersetzt? Das kann vor allem vorkommen, wenn ein erwachsener Hund mit ungünstiger Vergangenheit in den Haushalt kommt, der auch bei seinem schwachen Vorbesitzer voll dominant war. Vor allem herumgestoßene, mißhandelte und Tierheimhunde können sozial so verunsichert sein, daß sie kein Vertrauen mehr in den Menschen haben und lieber selbst das Ruder übernehmen möchten. Für den unerfahrenen Hundehalter ist es nicht einfach, den Hund ohne jegliche Körpereinwirkung zu beeinflussen. Die direkte Einwirkung wird dabei durch Körpersprache und Stimme ersetzt, so wie man das auch bei Welpen tut. Zum Beispiel hält man dem Hund einen Futterbrocken hoch vor die Nase, wenn man das Kommando »Sitz« gibt. In den meisten Fällen setzt sich der Hund fast automatisch und erhält natürlich sofort den Brocken. Auf der anderen Seite bückt man sich, geht mit der Hand dicht an den Boden und bietet dem Hund das Futter so an: Kommando »Platz«. Unterstützen kann man das, indem die Hand unter einem Stuhl liegt, so daß der Hund in die Knie gehen muß, um an den Bocken zu gelangen. Bei dem Collie-Schäfer-Mischlingsrüden Pascha hat das innerhalb von zwei Trainingssitzungen Wunder gewirkt.

Beim »Hier« belohnt sich der Hund mit dem Befolgen automatisch, weil er nur etwas bekommt, wenn er herankommt.

die vom Mensch ausgehenden sozialen Kontakte eingeschränkt werden. Zwei Dinge erreicht man dadurch: Erstens lernt der Hund durch den Entzug an Aufmerksamkeit die Beachtung wirklich als Belohnung zu empfinden. Für viele verhätschelten Hunde ist es eine fundamentale Erfahrung nicht ständig mit (Affen-)Liebe überhäuft zu werden. Zweitens erhöht sich der Dominanzstatus des Besitzers, da Ignorieren auch Überlegenheit ausdrücken kann. Vor allem wenn der Hund in einer größeren Familie lebt und selektiv nur einer Person gegenüber aggressiv ist, gilt es folgendes zu beachten: Während des Aufbaus des neuen Dominanzverhältnisses zum unterlegenen Menschen darf möglichst wenig Kontakt mit den vom Hund akzeptierten Personen stattfinden. Sämtliche Belohnungen mit Futter, Spaziergängen, Spiel oder was auch immer müssen ausschließlich von derjenigen Person gegeben werden, die der Hund zuvor als rangniedriger angesehen hat.

Nie darf man vergessen, daß Dominanz an sich zum sozialen Lebensstil des Hundes gehört. Dominanzeichen kann man also nicht wie einen Virus auslöschen, sondern man kann sie nur in angemessene Bahnen lenken, indem vor allem dem Besitzer gegenüber die Verhältnisse neu geordnet werden. Kindern gegenüber tritt Dominanzaggression oft erst in dem Moment auf, indem

American Staffordshire Terrier werden als »Kampfhunde« diskriminiert. Rüde Strolchi arbeitet als Rettungshund (hier bei der Unterordnung).

Kein Thema der Kynologie erregt die Gemüter so stark wie die leidige Kampfhunddiskussion.

Dabei kennt die Wissenschaft die Bezeichnung »Kampfhund« als Kategorie, wie Jagdhund oder Hütehund, gar nicht. So werden sogenannte Negativ-Listen in den einzelnen Ländern recht willkürlich zusammengestellt und die Vertreter der betreffenden Rassen mit mehr oder weniger harten Repressalien belegt. In Bayern gilt zum Beispiel der Rhodesian Ridgeback als «Kampfhund». Dieser große Hund mit ausgeglichenem Wesen wurde aber schon von den Eingeborenenhäuptlingen Afrikas als Jagdhelfer geschätzt und wurde auch später überwiegend als Jagdhund eingesetzt. Heute findet man Rhodesian Ridgebacks in Südafrika sogar als Polizei- und Rettungshunde und im Blindendienst. Für die Haltung von »Kampfhunden« braucht man teilweise Genehmigungen, Gutachten und Unbedenklichkeitsbescheinigungen. Oft muß man eine beträchtlich höhere Hundesteuer zahlen.

Die meisten Presseberichte über Unfälle mit »Kampfhunden« sind gekennzeichnet durch mangelnde Fachkenntnis und sensationsheischende Aufmachung. Obwohl statistisch gesehen bei Beißunfällen nur verschwindend wenige »Kampfhunde« beteiligt sind, stürzt sich vor allem die Regenbogenpresse gierig und ohne Prüfung der Tatsachen auf alle Meldungen: Ein Bullterrier, der bereits 7 Jahre ohne jegliche Auffälligkeit bei einer Familie gelebt hat, soll eines Tages den erwachsenen Sohn des Hauses im Schlaf angefallen und ihn erheblich im Gesicht verletzt haben. Angeblich ist der junge Mann erst aufgewacht, als er schon blutüberströmt auf der Couch lag. Er soll zunächst nicht gewußt haben, was vorgefallen ist, bis er den Hund ebenfalls blutverschmiert in einer Ecke sitzend gefunden hat. Soweit der auch im Fernsehen ausgestrahlte Bericht des Mannes.

Die Umstände erscheinen derart dubios, daß nicht nur ich an der Wahrheit der Darstellung zweifele. Daß ein Hund, und noch dazu ein Familienbullterrier, einen schlafenden Menschen anfällt ist höchst unwahrscheinlich. Man muß sich fragen, ob es nicht vielmehr so gewesen sein könnte, daß der junge Mann den Hund solange gereizt hat, bis er angegriffen hat. Gerade Bullterrier haben eine sehr hohe Reizschwelle (wie auch alle Molosser-Rassen, die oft zu den Kampfhunden gezählt werden), das heißt es dauert lange, bis sie sich aus der Ruhe bringen lassen oder sogar angreifen. Welcher Reiz geht aber von einem schlafenden Menschen aus?

Von Haus aus sind »Kampfhunde« ausgesprochen menschenfreundlich, in der Familie zuverlässig und duldsam mit Kindern. Wenn sie sich allerdings zum Kampf herausgefordert fühlen, dann sind sie bis zum bitteren Ende absolut kompromisslos. Hier liegt die eigentliche Gefahr, wenn die Hunde unverantwortlicher – ja krimineIlerweise meist von einschlägigen Kreisen oft mit brutalen Mitteln scharf gemacht werden.

Die selbstbewußten, unempfindlichen aber dennoch empfindsamen Hunde brauchen eine konsequente Erziehung und gehören nicht in Anfängerhände. Vor allem die Terrier unter den »Kampfhunden« neigen bei falscher Haltung und Erziehung wie alle anderen Terrier zum Raufen. Wichtig ist eine frühe Förderung des Sozialverhaltens durch den Besuch von Welpenspielstunden usw. Neben den vielen Vorteilen besteht hier lediglich eine einzige Gefahr: Die kleine Bullterrier-Hündin Cindy **spielte** mit einem jüngeren Eurasierwelpen derart wild, daß der Eurasier Knochenbrüche davontrug. Solche Situationen kann man leicht vermeiden, wenn man dem Wildling nur passende Spielgefährten gibt.

Ich kenne viele äußerst liebenswürdige »Kampfhunde«. Bullterrier und American Staffordshire Terrier (kurz AmStaff) eigenen sich auch zur Rettungshundeausbildung. Bevor Sie sich einen »Kampfhund« anschaffen, erkundigen Sie sich unbedingt vorher bei der Gemeinde oder dem VDH (Verband für das deutsche Hundewesen), da die Bestimmungen ständig wechseln.

Ein wesensmäßig schwieriger Misch-lingsrüde lehnt sich bei der Unterord-nung gegen sein Frauchen auf.

Sein Frauchen läßt sich nicht beeindrucken und kommt näher und setzt sich durch. Den Hund verläßt der Mut und er zeigt Anzeichen von Demut.

die jüngsten Familienmitglieder alt genug sind, um zu versuchen, sich bei dem Hund durchzuset-zen, ihnen dazu aber die körper-liche und geistige Reife noch fehlt. Bis dahin sind viele Hunde sehr duldsam. Dies ist vergleich-bar dem Welpenschutz den Jung-tiere genießen.

Im Fall von Kindern, die ange-droht werden, kann natürlich nur die indirekte Methode versucht werden, wenn das Kind alt genug ist, daß man ihm die Sachlage erklären kann. Sind die Kinder aus Dominanzgründen schon ernsthaft angegriffen und verletzt worden, ist meiner Meinung nach ein weiteres Verbleiben des Hun-des in der Familie sehr riskant. Ob allerdings wirklich Dominanz vorliegt, ist manchmal selbst für den Fachmann/die Fachfrau schwer zu beurteilen (zur Eifer-suchtsaggression gegen Kinder siehe S. 66).

Wenig später verhält sich der Hund normal (keine Anzeichen von Aggression).

Vor- und Nachteile einer Kastration

Bei einer Kastration werden beim Rüden die Hoden und bei der Hündin die Gebärmutter entfernt. Eine Sterilisation bedeutet nur das Durchtrennen der Samen- bzw. Eileiter; eine Verhaltensänderung ist damit nicht verbunden.

Bei Aggressionen Menschen gegenüber hilft eine **Kastration beim Rüden** am ehesten, wenn sie durchgeführt wird, bevor der Hund geschlechtsreif ist. Dann wird er aber im Grunde ein ewiges Kind bleiben, da die hormonellen Schübe zur Entwicklung typischen Rüden-Verhaltens fehlen. Bei späterer Kastration liegt die Erfolgsrate nur bei ca. 20 %. Die hormonelle Umstellung und damit vielleicht eine Verhaltensänderung kann bis zu einem halben Jahr dauern.

Wenn eine Kastration des Rüden in Erwägung gezogen wird, man sich aber noch nicht endgültig entschließen kann, besteht die Möglichkeit, durch Hormongaben dem Körper eine Kastration vorzutäuschen. Dann kann man sehen, ob und wie sich das Verhalten des Hundes ändern würde. Von der Kastration allein wird kein Hund faul und fett. Man muß sich aber darüber im klaren sein, daß ein kastrierter Rüde seinerseits sehr oft von anderen Rüden in einer Art belästigt wird, die stark an sexuelles Interesse an einer gutriechenden Hündin erinnert.

Der Geplagte reagiert dann oft aggressiv.

Seinem Verhalten nach ist der nach der Geschlechtsreife kastrierte Rüde immer noch ein Männchen, nur sind die maskulinen Merkmale gedämpft. Vor allem das sexuelle Interesse und sein Eigengeruch verändern sich. Manchmal ist nur die Zeugungsfähigkeit unterbunden.

Der kastrierte Maremmano-Hirtenhund-Rüde Balou deckte eine Hündin inklusive Hängen, aber natürlich ohne Nachwuchs zu zeugen. Border Collie Jacky haßt es, von anderen Rüden belästigt zu werden. Er wurde als übermäßiger Frauenheld kastriert und entwickelte sich dafür zum Beißer. Manche Hunde verändern nach der Kastration ihre Fellstruktur (Flausch- oder Babyfell).

Erfolgsraten:

➤ Aggression gegen Menschen 20 %

➤ Aggression gegen andere Rüden 60 %

➤ Sexuelle Überaktivität 90 %

Die Kastration der Hündin unterbindet in erster Linie die Läufigkeit und ihre lästigen Nebenerscheinungen. In der Hochbrunst neigt auch eine folgsame Hündin zum Entweichen. (Zeichen für das sogenannte »Stehen«: Die Hündin dreht bei Berührung ihres Hinterteils den Schwanz zur Seite.) Liebestolle Rüden wird sie in jedem Fall anziehen. Ohne Belegung werden viele Hündinnen nach der Läufigkeit scheinschwanger. Sie bilden sich eine Mutterschaft ein. Es wird sogar Milch einschießen. Manche Hündinnen bewachen Gegenstände als Jungenersatz und bauen aus manchmal auch unpassendem Material ein Nest. (Eine Schäferhündin benutze dazu das Füllmaterial der Couch.)

Nur wenige Hündinnen fangen nach einer Kastration vor allem im Alter mit dem Harnträufeln an. Über die Schädlichkeit von Spritzen, die die Läufigkeit unterdrücken, streiten sich die Tierärzte. Ich habe keine guten Erfahrungen damit gemacht (Gebärmuttervereiterungen).

Ich lasse meine Hündinnen mindestens einmal, höchstens zweimal läufig werden und lasse sie dann kastrieren. Meine Schützlinge arbeiten als Schutz-, Rettungs- und Filmhunde. Selbst Putzi, eine nunmehr 18 Jahre alte Cairn-Terrier-Mischlings-Dame, hat dank geeigneter Fütterung noch eine schlanke Linie. Von der Kastration alleine wird kein Hund träge. Die Folgen seines eventuell erhöhten Futterverlangens kann man mit kalorienreduziertem Light-Futter abfangen. Wenn die Kastration nach der Geschlechtsreife erfolgt ist, bleibt die Arbeitstauglichkeit voll erhalten. Alle Blindenführhunde werden im Alter von etwa 1 Jahr kastriert.

Dominanz-aggression gegen Hunde im gleichen Haushalt

➤ Erscheinungsbild

Das Modell Rudel als soziale Lebensweise bezieht der Hund natürlich nicht nur auf seine Menschen, sondern auch auf weitere Hunde im Haushalt. Die strenge Hierarchie wird hier ebenso eingehalten. Immer wenn es Unsicherheiten gibt, kann es zum Drohen gegenüber dem Artgenossen kommen, oft gefolgt von einem Angriff. Meist sind dabei Ressourcen wie Futter Liegeplätze, Zugangsprioritäten (wer geht zuerst durch die Türe, wer begrüßt Frauchen zuerst) im Spiel. Solch ein Verhalten kann bei Rüden und Hündinnen in beliebiger Kombination auftreten. Es ist nicht zutreffend, daß Rüde und Hündin nie miteinander raufen. Während ein normaler Rüde allerdings kaum beginnt, sind manche Hündinnen da nicht so zimperlich. Es kann sein, daß die Hunde bei jeder Gelegenheit kämpfen oder nur in Anwesenheit des Besitzes. Manchmal kann man sie nur nicht in einem bestimmten Zimmer alleine lassen.

➤ Ursachen
- ➤ unklare Dominanzverhältnisse
- ➤ falsches Verhalten des Besitzers

Das **Dominanzverhältnis** zwischen den Hunden ist noch nicht entschieden oder es befindet sich in Veränderung. Ein Welpe wächst heran oder es kommt ein zusätzlicher neuer Hund ins Haus. Bei Hunden gibt es keine Gleichberechtigung!

Oft **verhält sich der Besitzer** zwar menschlich aber **falsch**, indem er den »Unterhund« unterstützt und somit die Klärung der Rangverhältnisse verzögert. Wird der Aggressor, das heißt das dominante Tier bestraft und der Angegriffene, der durch sein weicheres Wesen noch dazu oft der Liebling des Besitzers ist, bemitleidet und aufgerichtet, schürt man unwissend die Aggressionen. Der Rangniedrigere merkt bald, daß der Halter ihn vor dem Dominanten schützt und dieser wird zusätzlich noch eifersüchtig.

Auch zwischen Rüde und Hündin kann es zu ernsthaften Kämpfen kommen. Mein eigenes Schäferhund-Paar hat sich wegen eines Spielzeugs blutig bekriegt. Das Bild zeigt die beiden kurz nach dem Kampf.

Der Unterhund kann sogar so weit gehen, sich bis zur Attacke gegen den Dominanten zu stellen, um die Aufmerksamkeit des Halters zu erringen.

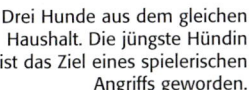 Der Boxer-Rüde Schiwa lebte schon 9 Jahre in der Familie, als der zweijährige Tierheimhund Mirko, ein Dobermann-Mischling, dazukam. Zunächst ging alles gut, aber schon bald fingen die beiden Hunde an ernsthaft miteinander zu raufen. Vor allem, wenn es sich um die Begrüßung der Besitzer handelte, griff Mirko Schiwa an. Die Hunde konnten im Haus alleine gelassen werden. Zum Kampf kam es nur in Anwesenheit der Menschen. Die Tiere verletzten sich sogar.

➤ Gegenmaßnahmen

- ➤ Dominanzverhältnisse feststellen
- ➤ Bestärkung des dominanten Hundes und des Unterlegenen
- ➤ eigene Kontrolle über die Hunde verbessern
- ➤ Kastration des Unterlegenen
- ➤ Hunde nicht trennen!

Drei Hunde aus dem gleichen Haushalt. Die jüngste Hündin ist das Ziel eines spielerischen Angriffs geworden.

Die rangniedrigere Hündin unterwirft sich...

...und die anderen lassen von ihr ab.

Zunächst muß festgestellt werden, wer der eigentlich Ranghöhere ist. Die Rangposition wird nicht nur von der Körpergröße bestimmt. Mir ist ein Mops-Rüde bekannt, der resolut und unangefochten über mehrere Rottweiler (auch Rüden) herrscht. Zwar haben Rüden in der Regel Hündinnen gegenüber einen höheren Sozialrang, aber dies trifft keinesfalls immer zu.

Eine überlegene Rangposition wird durch Mimik, bestimmte Körperhaltungen und dem direkten Blickkontakt zum Ausdruck gebracht. Ein rangniedriger Hund äußert seine Position dadurch, daß er den Blickkontakt meidet, den Kopf abwendet, den Schwanz senkt und sich entfernt. Falls erforderlich, verdeutlichen dominante Hunde ihren Sozialrang durch zusätzliches Knurren und Schnappen nach dem Rangniedrigen (siehe S. 41 und Grafik S. 41). Je selbstsicherer der dominante Hund ist und je größer das Dominanzgefälle ist, um so weniger Dominanzzeichen werden angewandt. Bei meinem großen Schäferhund-Rüden Norbo langte in der Regel ein Blick, um dem anderen mitzuteilen, was für eine Persönlichkeit dieser vor sich hat. In seinem ganzen 13-jährigen Leben hat Norbo, der mit sehr vielen Hunden zusammenkam, nur vier- oder fünfmal gerauft.

Um das **Dominanzverhältnis bei den eigenen Hunden** festzustellen, ist es nötig, sie so zu beobachten, daß die Hunde Ihre Anwesenheit nicht bemerken. Bringt das nicht genügend Hinweise, schaffen Sie gezielt eine Konkurrenzsituation – aber ohne direkte Verbindung zu Ihnen. Zum Beispiel kann man eine gefüllte Futterschüssel abstellen und aus der Entfernung beobachten. Sobald man sich einigermaßen sicher über die Verhältnisse ist, bestärkt man den Dominanten **und** den Unterlegenen bei jeder Gelegenheit in seinem Verhalten. Der Rangniedrigere bekommt keine Privilegien, der Dominante alle Vorteile.

Während der Behandlungsphase wird der Dominante zuerst begrüßt, gefüttert und erhält viel, wenn nicht alle Aufmerksamkeit. Wenn der Unterlegene bei der Begrüßung zum Beispiel versucht sich vorzudrängen, kann man ihn sanft zurückstoßen und demonstrativ zuerst den Ranghöheren begrüßen. Droht der Dominante dem Unterlegenen, wird dies voll akzeptiert. Man muß dann annehmen, daß dieser einen Verhaltensfehler begangen hat. Begehrt der rangniedrigere Hund wirklich nochmal auf, darf man sein Verhalten niemals mit vermehrter Aufmerksamkeit belohnen. Es ist auf jeden Fall von Nutzen, wenn der Halter seine **eigene Dominanzstellung** beiden Hunden gegenüber ausbaut (siehe S. 48).

Wenn alle Anweisungen strikt befolgt werden, sollten sich nach ca. 2–3 Wochen erste Erfolge abzeichnen. Wenn das nicht der Fall ist, hat man eventuell die Rangverhältnisse falsch eingeschätzt. Jetzt helfen nur weitere Beobachtungen. Wenn man keinen Fehler gemacht hat und es sich um zwei konkurrierende Rüden handelt, wird manchmal nur noch die **Kastration des unterlegenen** Tieres helfen. Bei dieser Form innerartlicher Aggression hilft die Kastration in ca. 60 % der Fälle.

Als zu meinem Rudel der etwa 1 1/2–jährige große Mischling Wotan dazukam, wurde er vom nur ungefähr ein Jahr älterem Schäfer-Rüden Donar von Anfang an stark dominiert. Wotan hat sich nie gewehrt und sich immer sofort unterworfen. Donar hat das akzeptiert und nie auch nur gezwickt. Aber die Verhältnisse wurden scheinbar nie endgültig geklärt – es blieb immer die Sorge, daß es einmal zum Kampf kommen könnte. Daher wurde Wotan als der Schwächere nach 1 Jahr kastriert. An Donars Verhalten änderte sich überhaupt nichts.; sein Verhalten war wohl schon zu eingeschliffen. Von Wotan war aber nun keine Aggression mehr zu befürchten.

Wenig hilfreich ist es dagegen, Aggressionsprobleme unter Hunden dadurch zu lösen, daß man die **Tiere trennt**. Der dann fehlende Kontakt zwischen den Hunden würde die wünschenswerte Verhaltensänderung geradezu ausschließen.

Bei Schiwa und Mirko kostete es den Besitzern schon sehr viel Überwindung, die ranghöhere Stellung von Mirko anzuerkennen und den geliebten Schiwa »zurückzusetzen«. Etwas problematisch war der Beginn der Behandlung. Als Hilfestellung vereinbarten wir, daß große Begrüßungsszenen praktisch nicht mehr stattfanden. So regten sich die Rüden weniger auf und zumindest in dieser Phase unterblieb der Wettstreit um die Gunst der Besitzer. Aber das Programm wurde durchgezogen und brachte Erfolg. Nach ein paar Wochen war die Sache geklärt und bis zum Tod von Schiwa gab es nie mehr eine ernsthafte Rauferei.

Die kleine Mischlingshündin bellt den eingeschüchterten jungen Schäferhund aggressiv an. Man beachte die typischen Schwanzhaltungen der beiden Hunde.

Dominanz-aggression gegen fremde Hunde

➤ Erscheinungsbild

Es sind überwiegend Rüden, die sich in die Haare geraten. Der Hund droht dem anderen sofort. Oft folgt ein Angriff. Bei gut sozialisierten **Rüden** akzeptiert der Gewinner eine Unterwerfung des Verlierers (auf den Rücken legen und Bauch und Kehle zeigen) und stellt seinen Angriff ein. Meist hat es bis dahin keine ernsthaften Verletzungen gegeben. Kommt es bei **Hündinnen** zum Kampf, sieht die Sache anders aus. Eine Unterwerfung wird oft nicht akzeptiert und es kann

durchaus zu behandlungsbedürftigen Verletzungen kommen. Dieses Verhalten ist aus der natürlichen Aufgabenverteilung im Rudel zu erklären. Während sich die Aggression der Rüden hauptsächlich auf Rangordnungsrangeleien beschränkt, die im Sinne der Überlebenschancen des Rudels nicht zu Verletzungen führen sollten, verteidigt die Wölfin ihre Welpen ohne Regeln bis aufs Blut. Dieses Verhalten scheint die Hündin verallgemeinert zu haben. Man muß die Dominanzaggression von der Beuteaggression (siehe S. 68) und der territorialen Aggression (S. 61) unterscheiden. Betrachtet ein Hund etwas

als seine Beute, erfolgt der Angriff ohne vorheriges Drohen, territoriale Aggression ist an einen Ort gebunden. Zwei besonders unangenehme Formen der Aggression treten vor allem bei schlecht sozialisierten Hunden auf. Der Vierbeiner stürzt sich sofort auf den anderen Hund, sobald er ihn sieht. Manchmal werden völlig unberechenbar Hündinnen, Rüden, Welpen und erwachsene Hunde angegriffen. Oft zeigt der Hund das Verhalten nur, wenn er an der Leine geführt wird oder der Besitzer in der Nähe ist. Sobald die Leine entfernt wird, hat der Hund keinen Mut zum wirklichen Angriff.

Hundebegegnungen ohne Streß

Falsches Verhalten	Richtiges Verhalten
Hund wegreißen	**Möglichst wenig eingreifen**
Aufgeregt zum eigenen Hund rennen, und ihn vom Gegner wegreißen wollen. Unser Kamerad würde durch die Nähe des Besitzers weiter gestärkt und noch eher aggressiv reagieren. Dies gilt vor allem auch, wenn man einen kleinen Hund auf den Arm nimmt.	Generell möglichst wenig eingreifen, den Hund ableinen und sich entfernen. Im Normalfall geschieht außer einem psychischen Kräftemessen nicht viel. Selbst kleine Geplänkel unter Rüden sind meist schnell und ohne Verletzungen vorbei. Nerven bewahren!
Leine straff halten	**Hund ableinen und sich entfernen**
Wenn der eigene Hund bei der Begegnung an der Leine ist, die Leine straff zu halten (gleicher Effekt wie oben).	Durch das Ableinen fällt für den Hund eine psychische Unterstützung durch seinen Besitzer weg. Viele Hunde verlieren dann ihren Mut.
Schreien oder schimpfen	**Hund in freundlichem aber energischem Ton abrufen**
Zu Schreien oder laut zu Schimpfen. Das würde die Aggression zwischen den Hunden nur schüren. (Vorsicht auch, wenn man einen Hund aus der Meute straft. Es kann dann sein, daß sich alle anderen, auch die rangniedrigeren, auf den Gemaßregelten stürzen!)	Wenn man versucht, den eigenen Hund abzurufen, dann sollte man dies in einem bestimmten aber freundlichen Ton tun. Man muß dem Hund die Chance lassen, dem Gegner gegenüber das Gesicht zu wahren, das heißt ein bestimmtes Ritual einzuhalten. Das kann ca. 20 Sekunden dauern.
Selbst eingreifen	**In Notfällen: jeder Besitzer greift sich seinen Hund am Schwanz oder den Hinterläufen**
Bei einer Rauferei selbst einzugreifen. Die Gefahr, unbeabsichtigt auch vom eigenen Hund gebissen zu werden, ist groß. Eine Mutfrage ist es, wie man handelt, wenn sich sehr unterschiedlich große und starke Hunde ernstlich zanken. Oft hat dann der Kleinere keine Chance und muß gerettet werden. Greift ein Schäferhund einen Yorkshire-Terrier an, dann beißt er naturgemäß genauso zu, als ob es sich um einen Rottweiler handeln würde. Er muß deshalb nicht bösartig sein.	Wenn man sich zum Eingreifen entschließt, dann sollte jeder Besitzer seinen Hund am besten am Schwanz greifen. Bei kupierten Hunden kann man sie auch an den Hinterläufen ausheben. Schlagen, Schreien oder sonstiges Anpacken beziehen die Hunde auf den vierbeinigen Gegner und es heizt die Situation noch auf.

➤ Ursachen

➤ Geschlechtsrivalitäten
➤ schlechte Sozialisierung eines/beider Hunde(s)
➤ fehlende Beißhemmung gegenüber Jungtieren

Zu den häufigsten Ursachen zählen **Geschlechtsrivalitäten** zwischen Rüden, manchmal auch zwischen Hündinnen.

Ungenügende Sozialisierung des eigenen Hundes: Der Hund hat die Regeln des Hundeumgangs nie gelernt und greift aus Unsicherheit, die oft mit Dominanz verwechselt wird, an.

Der fremde Hund hat als Welpe unzureichende Sozialisierungserfahrungen gemacht und zeigt auf einen Dominanzangriff ungenügend Unterlegenheitsreaktion. Oft greift er zwar nicht direkt an, aber reagiert aggressiv und fordert unseren Hund dadurch noch mehr heraus.

Bei normal sozialisierten Hunden aller europäischen Rassen verhindert eine **Beißhemmung**, daß Welpen und Junghunde bis zu einem Alter von 5 maximal 6 Monaten ernsthaft gebissen werden. Wie der große Verhaltensforscher Tinbergen beobachtet hat, beschränkt sich diese Hemmung bei grönländischen Eskimohunden auf Jungtiere des eigenen Rudels.

Bei aggressivem Verhalten nur an der **Leine**, wird die Dominanz durch die Verbindung zum Führer verstärkt. Hier kann man ein Halti verwenden (siehe S. 28 f.).

Bei gut sozialisierten Hunden ist auch ein Größenunterschied kein Problem.
(Deutsch Drahthaar und Mischling)

➤ Gegenmaßnahmen

➤ Ausbau der Kontrollmöglichkeiten gegenüber dem Hund

➤ Kastration

➤ Ablenkung

Dieses Problem ist viel schwieriger zu lösen, als wenn es sich um Hunde im selben Besitz handeln würde. Wer seinen Hund nicht nur in Haus und Garten hält, kann eine Begegnung mit anderen Vierbeinern kaum vermeiden. Manchmal kennen sich die Besitzer und wissen von ihren gegenseitigen Spaziergehgewohnheiten. Dann ist es leichter, gezielt einzugreifen und vorbereitet zu handeln. Es hilft nämlich schon, wenn man seine eigene Dominanz gegenüber dem Hund ausbaut. Je genauer man die kritische Situation vorhersehen kann, desto leichter ist es, den Hund rein über den Gehorsam unter Kontrolle zu halten. Gerade bei Dominanzaggression hilft es, den häufigen Kämpfer zu kastrieren. In ca. 60 % der Fälle kann so zumindest die Angriffshäufigkeit reduziert werden. Je länger man damit allerdings wartet, desto eher schleift sich das negative Verhalten ein (zu Vor- und Nachteilen einer Kastration siehe S. 53).

Manchmal hilft **Ablenkung**, einen Angriff zu vermeiden. So kann man den Hund mit einem begehrten Futterbrocken oder mit seinem Lieblingsspielzeug belohnen, wenn er sich vom Gegner abrufen läßt.

BEISPIEL Meine eigene, eigentlich sehr verträgliche Schäfer-Hündin Jessy wurde von einer Dackel-Hündin so lange herausgefordert, bis es zur Beißerei kam. Die kleine Hündin hatte die Gewohnheit, aus ihrem Garten zu entweichen und manchmal eine halbe Stunde lang bellend vor unserer Haustür zu patrouillieren. Im Haus merkte man Jessy deutlich ihren Ärger an. Bei Begegnungen auf der Straße kläffte die Kleine wild an der Leine. Jessy ließ sich ohne Probleme unangeleint im Zaum halten. Eines Tages trafen die Hündinnen an einer unübersichtlichen Stelle frei zusammen. Ohne großes Vorgeplänkel kam es zur Rauferei. Es ging alles blitzschnell, aber anscheinend hat die Dackelin geschnappt und Jessy dann sofort zugebissen. Der Dackel mußte genäht werden und es blieb zeitlebens eine tiefe Feindschaft.

Nicht genügend kann ich an dieser Stelle auf die Notwenigkeit der Sozialisierung vom Welpenalter an hinweisen. Arrangieren Sie mit Ihrem Kleinen Treffen mit anderen, umgänglichen Hunden jeglichen Alters und Geschlechts und besuchen Sie vor allem eine gut organisierte Welpen-Spielstunde – das hilft, Problemen vorzubeugen!

Bei Hunden, die gut unter der Kontrolle ihrer Führer stehen, macht gemeinsames Arbeiten allen Beteiligten Freude.

BEISPIEL Noch weiter sind wir bei der aggressiv veranlagten Beauceron-Hündin Panka gegangen. Die ansonsten hervorragend ausgebildete Panka lehnte sich in bestimmten Situationen auch gegen ihre erfahrene Halterin auf. Man hatte das Gefühl, daß ab einem bestimmten Punkt jegliche weitere Einwirkung nur noch mehr Aggression erzeugen würde. Die Hündin wechselte dann ihren Gesichtsausdruck (»grüne« Augen). Die Hündin hatte eine sehr niedrige Reizschwelle, das heißt Einflüsse bewirkten sehr schnell eine Reaktion. Panka spielte aber für ihr Leben gerne.

Beauceron-Hündin Panka verhält sich aggressiv gegen andere Hunde. Ihr wurde ein Gummistöpsel ans Halsband gebunden, an dem sie sich abreagieren kann. Die anderen Hunde bleiben dann unbehelligt.

Heute darf sie nur noch mit einem »Friedensstifter« im Maul mit anderen Hunden zusammenkommen. Dies ist ein Gummistöpsel, der wie ein Bringsel am Halsband befestigt ist. Gerät Panka unter Streß, läßt sie ihre Aggressionen wild kauend an dem Gummistück aus und die anderen Hunde bleiben unbehelligt.

BEISPIEL Der kleine Münsterländer Bubi hatte sich angewöhnt, beim Spazierengehen schon aus weiter Entfernung Angriffe auf andere Hunde zu starten. Wütend bellend stürmte er in vollem Galopp los und rannte den anderen Hund ohne Stoppen über den Haufen. Wenn sich der Überfallene wehrte, kam es zur Rauferei. Bubis Frauchen bedient sich jetzt eines einfachen

Tricks. Sie läßt Bubi nicht aus den Augen. Jedesmal wenn er Ansätze zu einer Attacke macht, ruft sie ihn mit dem Hinweis auf ein zu erwartendes Spiel lockend zu sich. Dafür läßt Bubi den anderen Hund unbehelligt. Die Häufigkeit und Intensität der Angriffe hat schon deutlich nachgelassen.

Aggressionen beim Verteidigen des Territoriums

➤ Erscheinungsbild

Für Wölfe und Wildhunde ist es ganz normal, ihr Territorium zu verteidigen. Es mag einer der Gründe für die Domestikation des Hundes gewesen sein, daß sich der Mensch diese Verhaltensweise zunutze machen wollte. Auch heute noch gelten Wachhunde als ein sicherer Schutz vor ungebetenen Eindringlingen. Familienmitglieder (die Familie als Rudel) werden nicht angegriffen.

Was ist für den Hund sein Territorium? In erster Linie das ständige Zuhause und dessen nähere Umgebung. In der Regel wird um so heftiger verteidigt, je näher das Zentrum des Heimes ist. Sehr viele Hunde gehen nur bis zum Gartenzaun, hinter dem sie wütend und selbstsicher alles angiften, was sich nähert. Wehe der Zaun wäre plötzlich weg. Dann wäre der ganze Mut schlagartig verpufft. Dringt allerdings ein

Schäferhund-Rüde bewacht sein Territorium.

Fremder ein, kann es durchaus sein, daß er attackiert wird. Viele Hunde rechnen auch das Auto zu ihrem Territorium.

Die Definition von Fehlverhalten hängt auch von den Wünschen und Anforderungen des Besitzers ab. Im Extremfall möchte der eine Hunde, die tatsächlich rücksichtslos angreifen (was meist durch brutale Behandlung erreicht wird). Auf der anderen Seite steht das für alle offene Haus, in dem der Vierbeiner auch nicht durch Bellen belästigen sollte. Bei aller Erziehung und Ausbildung ist vieles rassespezifische Veranlagung des Hundes. Während Golden Retriever und der Labrador auch fremde Menschen schnell in ihr Herz schließen und sich über jede neue Bekanntschaft freuen, sind zum Beispiel die Spitze eher mißtrauisch und gute Wachhunde, die mehr bel-

len als beißen. (Übrigens wäre ich sehr vorsichtig mit der alten Meinung, daß bellende Hunde niemals beißen.) Bei den kleinen Hunderassen sind es vor allem die kleinen Terrier, die oft einen lockeren Hals haben und nicht selten auch zupacken. Die acht anerkannten Schutzhund-Gebrauchshunderassen (Deutscher Schäferhund, Rottweiler, Dobermann, Hovawart, Boxer, Bouvier, Riesenschnauzer, Airedale Terrier) sind meist gute Wächter. In meiner tierpsychologischen Praxis habe ich aber auffallend viele Riesenschnauzer, deren Wachsamkeit aus den Fugen zu geraten droht.

Ein besonderes Problem stellen die Hirtenhundrassen dar, vor allem wenn sie der Abstammung nach den Arbeitshunden noch nahe sind. Die von ihnen verlangte Arbeitsweise hat sich in den

Hirtenhunde sind ausgezeichnete Wächter.
(Maremmano, italienischer Hirtenhund mit Welpen)

Hunde bei verständiger Haltung meist treu ergeben. Fremden gegenüber sind sie auch außerhalb ihres Territoriums mißtrauisch.

➤ Ursachen

➤ normales Verhalten des Rudelführers

➤ ungenügende Dominanz des Besitzers

Territoriale Aggression ist ein normales Verhalten des Rudelführers. Sie hat Schutzfunktion in Bezug auf Ressourcen-Verteidigung und zeigt Dominanz an. Das Verhalten wird oft durch die Reaktion von Fremden konditioniert. Der Hund lernt: Zeige ich mich aggressiv, zieht sich der Eindringling zurück. Aggressives Verhalten wird gefestigt und verstärkt, je öfter der Hund diese Erfahrung macht. Weitgehend unbekannt ist die Tatsache, daß territoriale Aggression meist dann ausartet, wenn der **Besitzer nicht genügend dominant** gegenüber dem Hund ist. Erinnern wir uns an die Aufgabenverteilung im Wolfsrudel: Hauptsächlich der Rudelführer schützt.

Riesenschnauzer Benny hat sich selbst zum erklärten Beschützer von Haus und Garten aufgeschwungen. Bis zum Alter von 1 1/2 Jahren hat er Besucher in dem gastlichen Haus geduldet und am Anfang sogar begrüßt. Dann fing er ganz allmählich an, erste Anzeichen von Aggression zu zeigen. Zunächst wurden die Leute aus der Entfer-

Genen niedergeschlagen. Im Gegensatz zu den Hütehunden (Deutscher Schäferhund, Border Collie usw.), die in mehr oder weniger enger Zusammenarbeit mit dem Schäfer die Herde vor allem hüten und treiben, verrichten die Hirtenhunde (zum Beispiel Kuvasz, Türkischer Kangal, Sarplaninac) ihre Arbeit meist alleine. Sie sind also von Geburt an nicht so auf die Kooperation mit dem Menschen eingestellt. Dazu kommt noch, daß diese Hunde die Herde selbstständig,

vehement und bitterernst verteidigen. Wenn man sich vorstellt, welche Gemütsverfassung ein Kangal haben muß, der in den rauhen Bergen seine Schafe gegen Wölfe verteidigt, dann ist viel leichter einzusehen, daß gerade diese Hunde oftmals als unberechenbar gelten. Sie interpretieren manchmal Situationen als Angriff, die der Mensch nicht als solche erkennt, und attackieren selbstständig und oft sehr ernst. Den eigenen Familienmitgliedern gegenüber sind diese

Schema zum Territorialverhalten

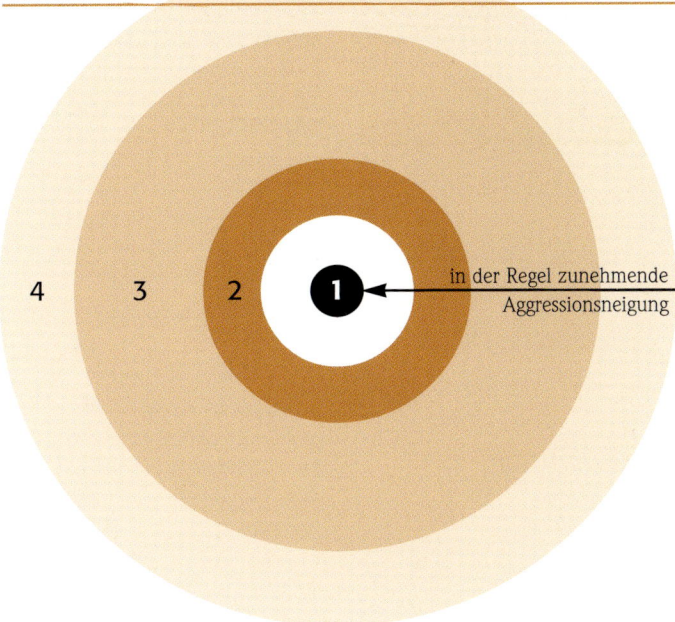

in der Regel zunehmende
Aggressionsneigung

1	Kritische Distanz (Unterschreitung: eventuell Angriff oder Erstarrung)	**3** Territorium (wird verteidigt)
2	Individual-Distanz (Unterschreitung wird manchmal nur vertrauten Personen gestattet)	**4** Streifgebiet (erhöhtes Markierverhalten)

nung angebellt. Innerhalb eines Jahres ging Benny dann dazu über, zu stellen und letztendlich sogar zu zwicken. Jetzt erst unternahmen die Besitzer etwas (siehe auch unten). Bei der Analyse des Verhaltens war auffallend, daß Benny auch der Besitzerin gegenüber immer mehr Dominanz zeigte. Bald nachdem mit dem indirekten Verfahren gegen Dominanzaggression etwas geändert wurde, blieb der Hund zwar wachsam, ließ sich aber abrufen.

➤ Gegenmaßnahmen

➤ 1. Es müssen klare Dominanzverhältnisse gegenüber dem Besitzer geschaffen werden.

➤ 2. Der Hund kann konditioniert werden (siehe auch S. 64), Besuchern gegenüber freundlicher gestimmt zu sein.

➤ 3. Der Hund wird fremden Besuchern gegenüber systmatisch desensibilisiert (siehe S. 66).

Wenn man davon ausgeht, daß Warnverhalten recht ist, Angriffs-

verhalten aber zu weit geht, gibt es im Prinzip drei Möglichkeiten. Man kann die erste Methode mit der zweiten oder dritten kombinieren, aber nicht die zweite mit der dritten.

Welche Methode man wählt, hängt von den genauen Verhältnissen und der Veranlagung des Hundes ab.

1. Klare Dominanzverhältnisse gegenüber dem Besitzer:

Sobald der Mensch Rudelführer ist, wird er zum Hauptschützenden. Die anderen Rudelmitglieder (als solches sieht sich dann der Hund) warnen vorwiegend. Der Hund darf angemessen bellen. Dafür wird er auch belohnt. Alle Aktivitäten, die darüber hinausgehen, muß der Mensch abbremsen. Am sichersten geschieht dies, indem man den Hund immobilisiert, das heißt ihn »Sitz« oder »Platz« legt.

Bei dem imposanten, über 70 cm großen Riesenschnauzer Benny hatte es sich eingeschliffen, daß er sich, wenn es am Gartentürchen klingelte, an seinem Frauchen vorbeidrängte, wütend bellend aus der Haustüre stürzte und jedem den Eintritt verwehrte. Er ließ sich in seinem Verhalten durch nichts beeinflussen und mußte mit Gewalt weggezerrt werden. Erst nachdem er zuverlässiger gehorchte, war es möglich, ihn daran zu hindern, die Besitzerin an der Haustüre beiseite zu schieben (Dominanz).

Rüden markieren ihr Territorium. (Deutsch Drahthaar)

Auch Hündinnen markieren, allerdings weniger territriumsbezogen als Rüden.

Er durfte nach (!) dem Frauchen durch die Türe und mußte sich »Platz« legen, bis der Besucher herangekommen war. Kurzes Bellen wurde gestattet. Nun wurde Methode Nummer zwei angewandt.

2. Umkonditionieren auf freundlicheres Verhalten gegenüber fremden Besuchern:

Für den Hund muß deutlich werden, daß Besucher für ihn Angenehmes bedeuten. Man organisiert sich zunächst mindestens zwei oder drei Menschen, die dem Hund nicht ganz unbekannt sind und zwei, die dem Hund komplett fremd sind und als Eindringlinge betrachtet werden. Aber wählen Sie ja keine ängstlichen Personen, sonst kann es geschehen, daß man gerade das Gegenteil vom Gewünschten erreicht und der Hund wieder lernt, daß man Menschen einschüchtern kann. Besonders bei großen Hunden ist Vorsicht geboten.

Ein Problem ist, daß der Hund während der Trainingszeit natürlich keine Chance erhalten darf, in sein altes Verhalten zurückzufallen. Üben Sie nur unter kontrollierten Bedingungen. Bei allen anderen Gelegenheiten muß der Hund sicher verwahrt werden. Wenn Nicht-Trainingsbesuch angemeldet ist, sperrt man den Hund am besten schon einige Zeit vorher weg. Täte man es erst in dem Moment, wenn es klingelt, könnte der Hund die unangenehme Erfahrung »Wegsperren« zusätzlich noch mit dem Besucher verknüpfen.

Ungefähr 2 Wochen lang trainiert man mit den Halbfremden. Während dieser Zeit entzieht der Besitzer dem Hund alle Zuwendung einschließlich dem Schlafplatz im gleichen Zimmer – solange er mit dem Hund alleine ist. Sobald der Besuch kommt, wird zuerst dieser, dann der Besitzer zu einer Quelle von Interaktion und Zuneigung für den Hund. Nach dem Besuch muß man den Hund bis zum nächsten Treffen wieder vereinsamen lassen. 2 Tage hintereinander sollte einmal täglich (tagsüber oder abends) mit der gleichen Person geübt werden, dann springt der nächste Halbfremde ein. Nach frühestens 2 Wochen testet man den Erfolg an einem Ganzfremden. Bei mangelnder Zahl von Versuchspersonen rotiert man. Der Hund sollte nun freundlich oder zumindest deutlich aggressionsreduziert reagieren.

Pudel neigen weniger zur Dominanz. (Pudel-Mischling)

Bei dem eher mißtrauisch veranlagtem, aber sehr verspielten Benny sind wir einen leicht modifizierten Weg gegangen: Der Hund lag vor der Haustür neben seinem Frauchen »Platz«. Dann wurde der Hund angeleint und zum Gartentürchen geführt, um ein Stürmen zu verhindern. Der Besucher warf Benny nun sein Lieblingsspielzeug, einen Tennisball, zu. Sofort ließ Benny sich ablenken und jagte dem Ball nach. Alle Aggression war vergessen. Der Hund sprang auf dem Ball kauend herum. Er ließ den Besucher zwar nicht aus den Augen aber warf ihm den Ball schließlich sogar vor die Füße, um ihn zum Weiterspielen aufzufordern. Vorsicht: Im Fall von Benny war es möglich, daß der Besucher den Ball aufnahm und wieder warf. Es gibt aber Hunde, die, obwohl sie die Beute selber anbieten, sie dann dennoch verteidigen! Da kann dann der Besitzer (hoffentlich) die Beute aufnehmen und sie dem Besucher überreichen. Im Laufe der Zeit schien sich Benny wirklich zu freuen, wenn es klingelte. Auch wenn es den Besitzern zunächst etwas komisch vorkam, wurde für alle Fälle außen neben dem Gartentürchen ein Behälter mit Tennisbällen angebracht.

3. Systematische Desensibilisierung

Dieses Verfahren (siehe S. 19) wird normalerweise bei Angst und Phobien angewandt, aber es wirkt auch bei Territorialaggression. Der Hund wird dabei von seinem Besitzer für das Ausbleiben von Drohverhalten gegenüber einem fremden Besucher mit Futter, Spiel oder Zuwendung belohnt. Wichtig ist, die Versuchsperson vorher genauestens zu instruieren.

Zunächst gebieten wir dem Hund am besten »Platz«. Solange er sich ruhig verhält und unter Kontrolle bleibt, loben wir ihn. Nun muß man es so arrangieren, daß man den Hund einer Reihe von Reizen aussetzt, die ihn immer mehr zum Bellen oder Angriffsverhalten provozieren. Man kann es so machen, daß sich eine Person dem Haus nur so weit nähert, wie die Schritte gerade noch zu hören sind und der Hund sich leicht beruhigen läßt. Danach entfernt sich der Besucher wieder leise. Dies sollte man am gleichen Tag ein- oder zweimal durchführen. Sobald sich der Wächter bei einer bestimmten Entfernung still verhält, kann der Besucher etwas näher kommen, bis er schließlich an der Haustüre steht und klingelt. Bis jetzt steht der Halter in der Wohnung noch neben seinem Hund und kontrolliert ihn.

Nun wird dem Hund angezeigt, an seinem Platz zu bleiben (beobachten!), und der Besitzer öffnet die Türe, nur um sie sofort wieder zu schließen. Endziel der Prozedur: Der Besucher kann eintreten und den Hundehalter begrüßen, ohne daß der Hund Droh- oder Angriffsverhalten zeigt.

Dieser Prozeß dauert in der Regel mindestens 3 Wochen. Sobald der Hund Anzeichen von Aggression zeigt, ist man zu schnell vorangegangen. Man muß nun wieder zu einer weiteren, weniger provozierenden Entfernung zurückkehren und sich von dort aus erneut voranarbeiten. Dieses Verfahren in der Praxis durchzuziehen ist allerdings noch schwieriger als die Umkonditionierung, sobald außerplanmäßige Besucher den Behandlungsablauf stören.

Eifersuchtsaggression (kompetitive Aggression), auch gegenüber Kindern

Diese Form der Aggression wird vor allem gegenüber Kindern gezeigt. Die aufgezeigten Ursachen und die Methoden der Behebung des Problems sind aber leicht auf alle anderen Personengruppen zu übertragen.

➤ Erscheinungsbild

Der Hund droht eine Person an, der der Halter vermehrt Aufmerksamkeit schenkt. Oft handelt es sich dabei um ein Kind oder Baby, manchmal auch um den Partner.

➤ Ursachen

- ➤ erlernte Aversion
- ➤ unbewußte Unterstützung durch den Menschen

Ob ein Hund Eifersucht von der Qualität des menschlichen Empfindens verspürt, kann nicht bewiesen werden. Meiner persönlichen Meinung nach ja. Die Tierpsychologie nennt das Verhalten eine erlernte Aversion gegenüber einer Person, der sich der Besitzer vermehrt zuwendet. Dies tritt vor allem dann auf, wenn dadurch die Zeit für Interaktionen mit dem Hund knapper wird. Aber es gibt noch eine zweite, nicht zu unterschätzende Möglichkeit: Dem **Besitzer gefällt das Verhalten** des Hundes unbewußt oder nur nicht zugegeben. Selbst wenn er in diesem Fall einschreitet, wird es halbherzig sein, was der Hund sehr genau registriert.

Die Beauceron-Hündin Yassou geht mit 8 Jahren in den Besitz eines Ehepaares mittleren Alters über. Bei der Vorbesitzerin war sie in Bezug auf Aggression nie auffällig. Auch ihre neue Familie liebte sie heiß und innig. Es gab aber immer wieder Momente, in denen sie auf den Ehemann eifersüchtig wurde und ihn sogar schon zwickte. Die Frau schimpfte den Hund zwar – aber wie! Man erkannte deutlich, daß

Kind und Hund in Harmonie.

ihr der »Schutz«. durch die Hündin willkommen war. Bei diesen Voraussetzungen könnte man jahrelang therapieren und hätte keinen Erfolg.

➤ Gegenmaßnahmen

➤ Umkonditionierung
(siehe auch S. 64)

➤ Baby: den Hund nicht ausschließen

Ähnlich der Behandlung von Territorialaggression wird der Hund konditioniert, die **Anwesenheit einer Person zu schätzen**. Dies wird zum einen durch Belohnungen seitens dieser Person erreicht. Vor allem bei Kindern ist das Füttern am leichtesten, da sie oft noch nicht gezielt mit dem Hund spielen können. Immer wieder gereichte kleine Futterhäppchen wirken vor allem beim verfressenen Hund Wunder. (Notfalls das reguläre Futter kürzen oder den Hund sogar etwas hungern lassen.)

Hunde, die Kinder ablehnen					
1. Gruppe (sehr stark)		**2. Gruppe (mittel)**		**3. Gruppe (gering)**	
Zwergschnauzer	69 %	Dalmatiner	47 %	Bulldoggen	27 %
Dackel	56 %	Riesenschnauzer	42 %	Bullterrier	27 %
Afghane	54 %	Mittelschnauzer	39 %	Doggen	26 %
Schäferhund	52 %	Collie	35 %	Boxer	24 %
		Hovawart	35 %	Rottweiler	23 %
		Dobermann	35 %	Neufundländer	20 %
		Berner Sennenhund	33 %	Leonberger	18 %

(aus: Aldington, Von der Seele des Hundes, 1986)

Gleichzeitig schenkt der Halter dem Hund nur dann Aufmerksamkeit, wenn der Stein des Anstoßes anwesend ist. Wenn das Kind auch zum Füttern noch zu klein ist, kann man nur auf letzteres zurückgreifen.

Wird in der Familie ein Baby erwartet, fängt man am besten schon Wochen vorher an, den Hund vorzubereiten. Ist geplant, dem Hund den Zutritt zum Kinderzimmer zu verwehren, muß man dies schon jetzt durchsetzen. Ist das Baby erst da und darf der Hund plötzlich nicht mehr in ein Zimmer, dann kann das eine negative Verknüpfung mit dem Baby erzeugen. Man kann den Hund vor der ersten Bekanntschaft auch an den Windeln riechen lassen. Auf jeden Fall lenkt man die Aufmerksamkeit des Hundes von Anfang an in freundlicher Stimmung auf das Baby. Man muß weder überängstlich sein, noch darf man dem Hund nachdrücklich mitteilen, daß das Baby »Pfui« sei. Alles muß unter Kontrolle geschehen. Niemals, wirklich niemals läßt man den Hund unbeaufsichtigt mit dem Baby oder Kleinkind zurück – auch den bravsten nicht. Birgt jeder Hund an sich schon ein Restrisiko, ist die Reaktion des Kindes noch unberechenbarer. Zeigt der Hund trotz allem Anzeichen von Eifersucht, wird er von allen Familienmitgliedern völlig ignoriert, außer wenn das Baby sich im gleichen Zimmer befindet. Dann muß man ihm aber viel Zuwendung schenken.

Ein neues Baby wird dem Hund vorgestellt. Der Hund wird nicht ausgeschlossen.

Beuteaggression gegen Menschen und andere Lebewesen

➤ Erscheinungsbild

➤ Hetzen sich schnell bewegender Objekte

➤ nur manchmal mit Endhandlung Beißen und Töten

➤ Angriff ohne Vorwarnung

➤ mehrere Hunde streiten sich um Futter oder ein Spielzeug (Beute)

Die Wissenschaft ist sich noch lange nicht einig, ob die Bezeichnung Aggression in Verbindung mit Beute überhaupt benutzt werden sollte. Ich finde den Terminus nicht unangebracht. Der Beutetrieb ist für den Wolf überlebenswichtig. Schon sehr früh hat sich der Mensch dies zunutze gemacht und Hunde (als überwiegende Wolfserben) als Jagdgehilfen eingesetzt.

Der Beutetrieb kann aber auch nachteilige Folgen haben, wenn der Hund Jogger oder Radfahrer hetzt und vielleicht sogar »zur Strecke bringt«.

Prinzipiell kann jedes sich möglichst schnell und vom Hund weg **sich bewegende Objekt** den Beutetrieb auslösen. Der Angriff wird durch Hetzen eingeleitet. Dem natürlichen Ursprung gemäß erfolgt keine Vorwarnung.

Warum sollte der Wolf seine Beute warnen? Der Hund befindet sich in einem sehr erregten Zustand. Besonders, wenn Menschen »gehetzt« werden, fängt der Hund typischerweise zu bellen an, sobald er sein Opfer erreicht. Dies ist eine sogenannte Übersprungshandlung. (Die Aktionsenergie einer gehemmten Handlung – hier das Packen der Beute – wird in eine andere Handlung kanalisiert.) Der Hund weiß nicht, wie er das unnatürliche »Beuteobjekt« angreifen soll und traut sich auch nicht. **Katzen** und anderen Tieren gegenüber zeigen viele Hunde solch ein Verhalten. Selbst wenn der Hund im Haus mit Katzen zusammen lebt und sie respektiert, hetzt er dieselbe Katze mitunter, sobald sie ihm draußen begegnet. Oder es werden nur fremde Katzen gejagt. Die Endhandlung, das Töten der Beute, führen lange nicht alle Hunde aus.

Oft kommen sich auch einander bekannte Hunde wegen eines Beutestücks (zum Beispiel eines Spielzeuges) in die Haare. Das führt dann von kleinen Rempeleien bis hin zu ernsthaften Kämpfen. Meine eigenen Schäferhunde, das Pärchen Norbo und Mücke, haben zweimal wegen einem Tennisball gerauft. Einmal floß sogar reichlich Blut. In normalen Situationen war die Rangordnung klar. Norbo war der Boß. Um solchen Fällen vorzubeugen, kann man nur den auslösenden Reiz vermeiden und

Hunde verfolgen allgemein gerne sich schnell bewegende Objekte. Donar hat sich allerdings verschätzt.

Oft ist ein Stöckchen das Beutestück, das sich hier eine Schäferhündin und ein Airdale-Rüde ohne Konkurrenz teilen.

nie **mehreren** Hunden gleichzeitig **ein** Spielzeug zuwerfen.

➤ Ursachen

- ➤ natürliches Jagdverhalten
- ➤ ein großer Hund sieht einen kleinen als Beute an
- ➤ Raubzeugschärfe

Hetzen und Beutemachen gehört zweifellos zum **natürlichen Jagdverhalten** der Hundeartigen. Das weglaufende Objekt spricht einen angeborenen Auslösemechanismus (Hetzen) an. Manchmal hat man den Eindruck, daß der Hund erst im letzten Moment zum Beispiel in Bezug auf Radfahrer und Jogger seinen Irrtum bemerkt. Nur selten wird die Endhandlung, das Niederreißen und »Töten« gezeigt.

Ein besonderes Problem entsteht, wenn **größere Hunde kleineren gegenüber Beuteverhalten** zeigen. Oft wird das mit Dominanzaggression verwechselt. In Bezug auf Katzen sind es vor allem die **raubzeugscharfen** Jagdhunde, die kurzen Prozeß machen.

Meinen Deutsch-Drahthaar-Rüden Olex habe ich mit 14 Monaten von einem Jäger gekauft. Der Hund ist bis zu diesem Alter jagdlich geführt worden und hat auch den sogenannten Härtenachweis erbracht. (Kurzgesagt besteht dieser darin, daß der Hund vor Zeugen sogenanntes Raubwild wie Marder oder Raubzeug wie eine Katze abtun, das heißt töten muß. Ich enthalte mich jeglichen Kommentars.) Zwei Tage nach dem Einzug von Olex habe ich meine Schwester besucht. Der Hund lief frei im Zimmer. Plötzlich erstarrte er. Als ich seinen Blicken folgte, erkannte ich den Grund für das Verhalten: eine lebensgroße Stoffkatze. Es ist kaum zu glauben, aber allein die Gestalt des Spielzeuges reichte aus, daß Olex angriff und die Stoffkatze »totbiß«. So wie ich die Lage einschätze, kann ich glücklich sein, wenn sich dieser Hund eines Tages von einer Katze abrufen läßt. Bis dahin muß ich ihn von meinen 7 Katzen getrennt halten und er hat draußen in Katzengebiet Leinenzwang. Wie solch ein von Jägern erwünschter Haß entstanden ist, will ich lieber nicht wissen. Sicherlich ist aber auch ein angezüchteter Erbteil dafür verantwortlich.

➤ Gegenmaßnahmen

- ➤ Kontrolle über den Hund verbessern
- ➤ systematische Desensibilisierung
- ➤ Bestrafung

Das Hetzproblem zu lösen ist aus drei Gründen schwierig: Erstens übt die Handlung auf die meisten Hunde einen unwiderstehlichen Reiz aus, zweitens ist es sehr schwierig auf den Hund einzuwirken und drittens hat man im Falle von Tieren kaum Einflußmöglichkeiten auf das angegriffene Lebewesen. Je nach Art des Opfers bleiben drei Möglichkeiten. Der Halter muß seine Dominanz und **Kontrollmöglichkeit** über

Fröhliche Jagd. Deutsch Drahthaar Olex wird wegen einem Beute-Frisbee verfolgt.

Hund und Katze können sich ausgezeichnet vertragen.

den Hund so weit ausbauen, daß eine Hetzjagd von Anfang an unterbunden werden kann. Will der Hund starten, ist es sinnvoll, ihn ins »Platz« zu rufen. Erfahrungsgemäß hat man damit mehr Erfolg als beim Versuch, ihn heranzurufen. Bis das sicher klappt, darf der Hund keine einzige Gelegenheit zum Hetzen bekommen. Nur wenn kontrollierte oder noch besser arrangierte (mit Helfern arbeiten) Bedingungen herrschen, darf der Hund frei laufen. Eventuell kann man eine mindestens 5 besser 10 m lange Leine verwenden. Mit Roll-Leinen habe ich keine gute Erfahrung gemacht. Ohne Leine zu arbeiten wagen wir erst, wenn der Hund auf Kommando sicher »Platz« geht, oder sich sogar in dem Moment, in dem er starten will, abrufen läßt.

Wenn man mit der langen Leine hantiert, gibt es einen wirksamen Trick. Da alle Hunde es sehr schnell heraus haben, wann sie an der Leine sind und wann nicht, müssen wir sie überlisten. Auch wenn man die Leine nicht mehr unmittelbar in der Hand behält, bleibt sie am Halsband befestigt. Zuerst läßt man die volle Länge schleppen (Achtung: Verwicklungsgefahr!). Dann kürzt man die Leine schrittweise. Zuletzt hat der Hund nur noch den Karabiner am Halsband. Wenn man langsam genug vorgeht, klappt das.

Wenn das begehrte Beuteobjekt kontrollierbar ist (Autos, Fahrräder, Jogger), kann man die Methode der **systematischen Desensibilisierung** anwenden (siehe S. 19). Man muß sich dazu der zuverlässigen Mithilfe solcher »Objekte« versichern. Bei Tieren wie Katzen oder Schafen ist das Verfahren schwierig durchzuführen. Außerdem kann man bei Tieren den Erregungswert nur schwer abschätzen.

Die schrittweise Gewöhnung erfolgt durch Verringerung der Distanz und Erhöhen der »Flucht«-Geschwindigkeit. Das Opfer ist der auslösende Reiz. Man muß den Hund dazu bringen, sich zunächst nur in Anwesenheit des ruhenden Objekts still zu verhalten. Die Behandlung beginnt, indem man den an der langen Leine geführten Hund mit der Beute in einer Art konfrontiert, die keine allzu große Erregung hervorruft. Das kann ein stehender Radfahrer sein oder bei Tieren eine liegende Katze. Man führt den Hund bis zu einer gewissen Entfernung an den auslösenden Reiz heran, läßt ihn »Platz« gehen und belohnt ihn mit Futterbrocken, solange er sich ruhig verhält. (Achten Sie auf die Körperhaltung und den Ausdruck des Hundes. Steht er unter hoher Spannung? Dann sind Sie zu nahe.) Die Prozedur wird wiederholt, wobei der Erregungswert des Reizes langsam erhöht wird. Der Abstand wird verringert, oder die »Beute« bewegt sich langsam. Zeigt der Hund zu irgendeinem Zeitpunkt Aufregung, läßt man ihn ein scharfes »Pfui« hören und stellt sofort jegliche Form der Belohnung ein. Man geht wieder einen oder auch mehrere Schritte zurück und stellt ein niedrigeres Reizniveau her. Während der Behandlung muß man darauf achten, daß der Hund in seinem normalen Tagesablauf keiner stärkeren Version des betreffenden Reizes ausgesetzt ist.

Ausgelassenes Spiel mit einer Jute-Beißwurst. Auch ein Kind muß in der Lage sein, das Spiel jederzeit abzubrechen, und der Hund muß sich fügen. (Jack Russel Terrier)

belohnt. In den folgenden Wochen (bei täglich 2 Übungen) wurde die Fahrgeschwindigkeit langsam erhöht, bis Max auch 70 km/h duldete. Zur Vorsicht wurde dann die Desensibilisierung mit der Methode der sich verkürzenden Leine kombiniert. Nach 1 Monat war Max geheilt. Wenn man sicher gehen kann, daß eine **Bestrafung** nicht mit dem Halter, sondern mit der Beute in Verbindung gebracht wird kann, dann ist auch dies eine Möglichkeit, dem Hund das Hetzen zu verleiden. Hier gilt es besonders reaktionsschnell und treffsicher zu sein, denn jedesmal, wenn der Hund zur fröhlichen Jagd ansetzt, muß man ihn mit einer Wurfkette treffen, beziehungsweise dicht neben ihn zielen (das hängt von der Dickfelligkeit unseres Kameraden ab). Dies hat punktgenau, blitzschnell und ohne Kommando oder sonstigen Kommentar zu geschehen, sonst verknüpft der Hund die Bestrafung hundertprozentig mit dem Halter und nicht mit dem Hetzobjekt. **Sie** hätten dann zwar mehr Kontrolle über den Hund erlangt, aber das nutzt ihnen nur so lange etwas, wie sie den Hund ständig im Auge haben, um rechtzeitig eingreifen zu können. Ohne ihre Intervention wird gejagt.

Eingefleischten Wilderern das Handwerk zu legen, ist extrem schwer. In diesem Fall, und nur in diesem, kann von einem sachkundigen Ausbilder (nie von

BEISPIEL Dobermann Max hatte ein gefährliches Hobby. Er liebte es, Autos zu hetzen. Auf einer ruhigen Nebenstraße wurde ihm in ungefähr 50 m Entfernung (so erregbar war der Hund) ein Auto präsentiert. Im Laufe der nächsten Tage konnte der Besitzer immer näher an das Auto herangehen und der Hund machte brav »Platz«. Schwierig wurde es in dem Moment, als sich das Auto zu bewegen begann. Wir mußten für den Start des Autos sofort auf die 50-m-Marke zurückgehen. Im Schritttempo kam das Gefährt näher. Max wurde für ruhiges »Platz«

Selbst kleinste Stoffstückchen können zu einem Beutestück werden. Nouni hält stolz das ergatterte Stück fest.

einem Laien) ein Teletakt-Gerät (siehe S. 25) eingesetzt werden. Der Hund erhält je nach Einstellung einen mehr oder minder schwachen elektrischen Impuls. Oft genügen zwei, drei Einwirkungen, um dem Hund das Wildern zu verleiden. Dem Argument, das sei Tierquälerei, ist die Aussicht entgegenzusetzen, daß der Hund ein Leben lang an der Leine geführt werden muß oder beim Wildern großen Schaden anrichten kann. Auch die Arbeit an der langen Leine kann die führerunabhängige Ferneinwirkung durch das Teletakt nicht ersetzen, da der Hund sofort merkt, wann er angeleint und wann er frei ist. Das Prinzip der sich allmählich verkürzenden Leine im Falle von routinierten Wilderern ist nicht erfolgsversprechend.

Die beiden konkurrierenden Rüden Donar und Olex bewachen gegenseitig ihre »Beute«.

Angst– und Schmerzaggression (Angstbeißen)

In meiner Praxis habe ich festgestellt, daß viel mehr aggressive Reaktionen des Hundes auf Angst zurückzuführen sind als auf innere Stärke, also Dominanz. Der typische Angstbeißer ist ein weit verbreitetes Phänomen.

➤ Erscheinungsbild

Bei der Beurteilung, ob der Hund aus Angst angreift, muß man die ganze Situation und vor allem die Körpersprache des Hundes genau beobachten. Der Hund handelt nach dem Motto »Angriff ist die beste Verteidigung«. Solche Attacken sind oft heftiger also Kämpfe aus innerer Sicherheit heraus.

 Drahthaar-Rüde Olex, 14 Monate alt, war seit 2 Wochen in meinem Besitz. Es kam zu einer Situation, in der ich den Hund ernsthaft schimpfen mußte. Er wich aus und flüchtete in die Küche. Da das Thema für mich noch nicht erledigt war, folgte ich ihm. Da stand er mit leicht gesenktem Kopf und knurrte mich fürchterlich an. Fast hätte ich durchgegriffen, als ich bemerkte, daß er am ganzen Körper zitterte. Olex hatte Angst. Nach 2 Wochen kannten wir uns noch nicht so gut, sonst wäre die Situation bestimmt nicht entstanden. Wäre ich jetzt drohend nach vorne gegangen, hätte ich höchst-

wahrscheinlich einen Angriff provoziert. Ich blieb also in ca. 3 m Entfernung stehen, kniete mich hin und rief Olex freundlich lockend zu mir. Sofort entspannte er sich und kam dankbar zu mir her. Wer hätte Schuld gehabt, wenn es anders gekommen wäre?

➤ Ursache

➤ Veranlagung
➤ keine Fluchtmöglichkeit (Flucht nach vorne)
➤ mangelnde Sozialisation
➤ physische (organische) Krankheit

Vorsicht und Angst sind ganz natürliche und sehr sinnvolle Einrichtungen der Natur. Aber gemäß dem Selbsterhaltungstrieb versuchen sich die meisten Lebewesen durch einen Angriff zu retten, wenn sie sich ernsthaft bedroht fühlen und nicht fliehen können. Bei unserem Haushund ist **mangelnde Frühgewöhnung** oft die Wurzel des Übels. Besonders bei innerartlicher Aggression ist der Angstangreifer nicht mit den Regeln des Hundeumgangs vertraut (versäumte Prägung und Förderung des Welpen in den entsprechenden Entwicklungsphasen, siehe S. 7f.).
Man darf aber nicht vergessen, daß es auch **physische (organische) Krankheiten** gibt, die zur Angstaggression führen können, zum Beispiel eine Schilddrüsenüberfunktion oder ein aus dem Gleichgewicht geratener Hormonhaushalt. Es empfiehlt sich

also auf jeden Fall, einen Tierarzt aufzusuchen.
Eine erbliche Veranlagung zu unerklärlichem und unheilbarem aggressivem Verhalten scheinen besonders rote Cocker Spaniels zu haben. Die Berichte über solche Fälle häufen sich.

➤ Gegenmaßnahmen

➤ keine drohenden Handlungen gegenüber dem Hund
➤ Hund nie in die Enge treiben
➤ Kastration
➤ Medikamente

Angstaggression kann **nicht durch Dominanz** bekämpft werden. Im Gegenteil, das würde die Unsicherheit noch verstärken. Wenn Menschen betroffen sind, gilt es **alle drohenden Handlungen zu vermeiden** und den Hund vor allem nicht in die Ecke zu drängen.

Manche Fälle von Aggression sind auf Störungen im Hormonhaushalt zurückzuführen. Ferdinand, ein einjähriger Jagdhund-Schäferhund-Mischling, schleppte seitdem er markierte Gegenstände auf sein Lager und bewachte sie. Kam jemand auch nur in die Nähe, wurde er ohne Vorwarnung wütend angefallen. Gelegentlich zerfetzte Ferdinand auch Teppiche und Decken. Auf der Straße hatte er Angst vor Artgenossen.
Eine **Kastration** brachte innerhalb von 3 Wochen den Erfolg: Der Hund spielte wieder mit Gegenständen und anderen Hun-

Gerade kleine, verhätschelte Hunde neigen zum Angstbeißen. Dieser gut erzogene Yorkshire Terrier duldet die Annäherung eines Fremden.

den. Gegenüber Personen gab er seine mißtrauisch-feindseelige Haltung auf. (Zum Thema Kastration siehe S. 53).

BEISPIEL Zwergschnauzer Purzel attackierte seinen Herrn, wenn dieser etwas tat, was dem Hund nicht paßte, oder wenn seinem Wunsch nach Zuwendung nicht sofort nachgekommen wurde. Außerdem schnappte er nach der Hand, aus der er gerade einen Leckerbissen genommen hatte.

BEISPIEL Ein Hovawart rieb seinen Kopf am Bein seines

Besitzers, und wenn dieser ihn dann streichelte, biß er in die Hand.

BEISPIEL Cairn-Terrier Felix war vollkommen unberechenbar. Manchmal schnappte er aus einer Deckung heraus ohne Vorwarnung oder startete auf der Straße plötzlich Angriffe auf fremde Personen, wenn diese zu nahe vorübergingen. Außerdem knurrte und schnappte er manchmal nach der Hand, die versuchte ihn zu kämmen oder zu streicheln. Alle Versuche ihn zu bestrafen forderten seinen

aggressivsten Widerstand heraus. Nie zeigte Felix eine Demutshaltung. Auffallend war, daß sein Ausdruck während der aggressiven Handlungen der angstvoller Erregung war. Das deutet darauf hin, daß sich der Hund in einer ambivalenten Situation befindet. Die Deutung des aggressiven Verhaltens als reine Dominanzgebärde war somit nicht adäquat. In allen drei geschilderten Fällen verschrieb der Tierarzt einen **Schilddrüsenhemmstoff** und das aggressive Verhalten war in wenigen Wochen verschwunden.

Trennungsangst

Hunde sind ausgesprochen soziale Tiere. Sobald sie von ihren Rudelmitgliedern getrennt werden, sind sie beunruhigt. Je länger die Trennung dauert, desto größer wird das Unwohlsein. Dies wird solange andauern, bis der Hund vollkommenes Vertrauen in seinen Besitzer hat und gelernt hat, daß dieser zuverlässig immer wieder zurückkommt.

Hat man einen Hund aus »zweiter Hand«, der hier falsch erzogen oder enttäuscht wurde, dann wird der Hund bei uns besonders ängstlich darauf bedacht sein, nur nicht den Anschluß zu verlieren.

➤ Erscheinungsbild

Viele Hunde heulen, sobald sie alleine gelassen werden, manche nur, wenn dies zu ungewohnten Zeiten geschieht. Der Hund kann eine oder mehrere der folgenden Reaktionen zeigen:

- ➤ er bellt laut und übermäßig oder heult
- ➤ Gegenstände werden zerkaut oder zerstört (auch Türen oder Möbel)
- ➤ ein sonst stubenreiner Hund fängt an, in der Wohnung zu harnen und/oder Kot abzusetzen

Wenn man das Gefühlt hat, daß der Hund kurz vor der Trennung unter emotionalem Streß steht, sind die genannten Handlungen sehr gut möglich. Alle Hunde lernen sehr schnell die Zeichen für eine bevorstehende Trennung, und wenn es nur bis ins nächste Zimmer ist, richtig zu deuten. Vor allem bei Welpen und Junghunden ist es auch möglich, daß die Destruktivität aus Langeweile geschieht; dies erfolgt aber meist

In einer vorbildlich geführten Hundepension laufen alle Pensionshunde die meiste Zeit am Tag frei miteinander. Bei soviel Ablenkung kommen keine Verlassenheitsängste auf.

erst nach einiger Zeit. Bei Trennungsangst wird der Hund dagegen sofort nach dem Verlassen aktiv. Wenn der Halter sofort zurückkehrt, wird er meist ungewöhnlich heftig und unter allen Anzeichen der Erregung begrüßt.

➤ Ursache

➤ Bellen und Heulen als Ruf nach dem restlichen »Rudel«

➤ Zerstörung und Stubenunreinheit als nicht-zielgerichtetes Verhalten (Übersprungshandlung)

Der Hund regt sich darüber auf, daß er (vor allem vom Rudelführer) alleine gelassen wird. Man muß sich vor Augen halten, daß das wirkliche Angst ist. Kein Hund ist in der Lage, Überlegungen darüber anzustellen, warum sein Herrchen/Frauchen ihn alleine läßt. Nie bellt oder zerstört der Hund »nur um uns zu ärgern«. Solche Denkweisen sind Hunden Gott sei Dank fremd. **Lautäußerungen** gehören zur ganz **normalen Kommunikation** der Hunde. Selbst Basenjis, denen man nachsagt, daß sie nicht bellen, heulen dafür herzzerreißend. Je nach individuellem Charakter, Veranlagung der Rasse und auch Erziehung neigt der Hund mehr oder weniger zum Bellen. Viele Kleinhundrassen, besonders kleine Spitze und Terrier, tun sich da besonders hervor. Je mehr ein Hund die Erfahrung macht, daß er mit seinem Gekläffe das Gewünschte erreicht,

desto eher wird er dieses Mittel einsetzen.

Wenn ein Hund bellt, sobald er alleine gelassen wird, ruft er damit nach seinem menschlichen Genossen. Solange Herrchen/Frauchen nur zurückkommt, wird selbst Bestrafung als Zuwendung aufgefaßt. Lieber eine negative Zuwendung als gar keine. Bellen transportiert also immer eine Mitteilung: zum Beispiel eine Warnung oder Rufen. So wie es bei den Menschen »Plappermäuler« gibt, sind auch manche Hunde von Haus aus mitteilsamer. Hier gilt es, von klein auf einzugreifen und das Bellen konsequent zu unterbinden.

Bei lautstarken Freudensausbrüchen wird man, ohne daß man den Hund gewaltsam niederdrückt, wenig Chancen haben. Gegen Freudensäußerungen gibt es keine Pille. Vielleicht hilft hier Ablenkung. Man läßt den Hund zur Begrüßung zum Beispiel ein Spielzeug bringen.

Das Zerbeißen und Zerkratzen von Gegenständen wie auch der Harn- und Kotabsatz sind sogenannte **Übersprungshandlungen:** Der Hund kann das, was er eigentlich tun will – hier: zum Führer gehen – nicht tun. Zur Entlastung der Spannung tut er etwas anderes, meist völlig Unsinniges. Übersprungshandlungen werden durch die zunehmende Angst ausgelöst. Meistens werden Hunde, die Trennungsangst zeigen, unvorbereitet relativ lange allein gelassen.

➤ Gegenmaßnahmen

➤ systematische Desensibilisierung (siehe auch S. 19)

➤ Bellen: Kläff-Ex (empfehle ich nicht, siehe S. 28)

Die folgenden Übungen sind auch zum vorbeugenden Training von Welpen geeignet. Im Prinzip wendet man die **systematische Desensibilisierung** an. Es ist außerordentlich wichtig, daß der Hund während der Behandlungszeit (2–3 Wochen) außer beim Üben nie wirklich alleine gelassen wird. Arrangieren Sie es so, daß Sie Urlaub haben, den Hund mit zur Arbeitsstelle nehmen oder ihn während Ihrer Abwesenheit bei Nachbarn oder Freunden unterbringen können.

Solange sich ein Hund bewegt, gerät er leichter in Aufregung. Daher übt man das Alleinsein in Verbindung mit dem Aufenthalt an einem bestimmten Ort für immer längere Zeit, zum Beispiel seinem Korb in Sichtverbindung zur Wohnungstür. Ich kenne einen Hundebesitzer, dessen Jagdhunde rein im Zwinger gehalten werden, selten im Haus sind und sich dort vom Welpenalter an ausschließlich im Korb aufhalten dürfen. Es geht, aber nur mit außerordentlicher Konsequenz und auch einem gewissen Druck. (Man darf sich allerdings nicht darauf verlassen, daß der Hund nach Ablauf der Trainingsperiode für alle Zeiten während des Alleinseins in seinem Korb verharrt.)

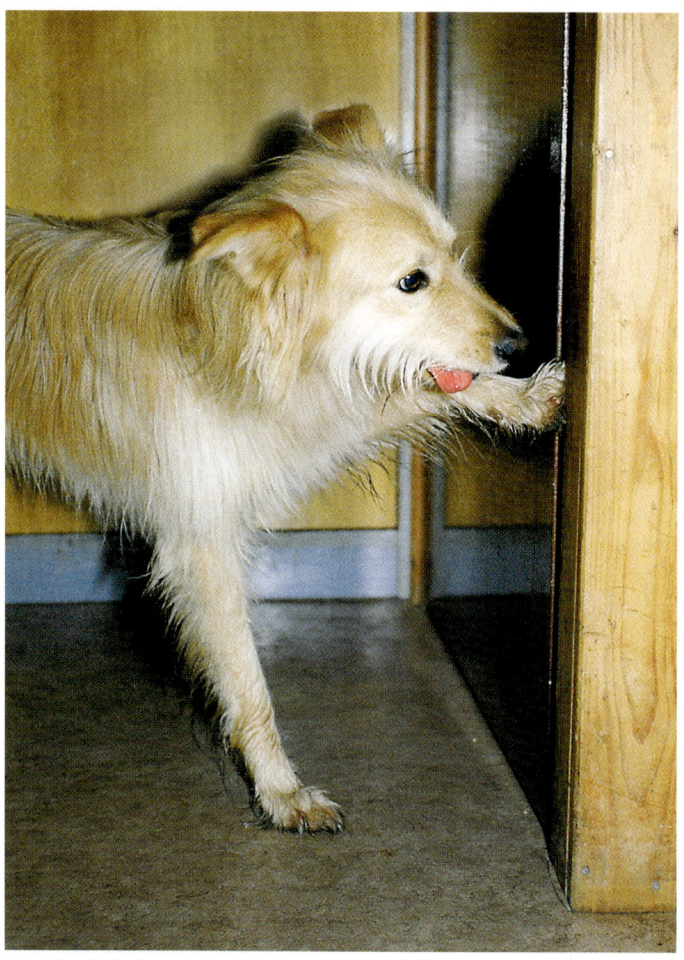

Viele Hunde kratzen an der Türe, wenn sie alleine gelassen werden.

wir uns im Haus normal beschäftigen, noch kurz auf seinem Platz liegen, dann können wir ihn entlassen. Wenn das klappt, nehmen Sie Ihre nächste gewohnte »Ausgehaktivität« (zum Beispiel den Schlüssel in die Hand nehmen) dazu. Macht der Hund Anstalten unruhig zu werden, muß man ihn zur Ruhe ermahnen, möglichst ohne sich zu ihm hin zu bewegen. (Dies wird vom Hund als Zuwendung gewertet. Er lernt also, wenn ich unruhig werde, kommt Herrchen/Frauchen sofort zurück.)

Ein großer Schritt ist getan, wenn Sie die Haustüre öffnen, hinausgehen, die Türe von außen schließen und sofort wieder hereinkommen können, ohne daß sich der Hund rührt. Belohnen Sie den Hund dann sofort. Ist er nicht in seinem Korb geblieben, führen wir ihn zurück, geben das Kommando für Bleiben und ignorieren ihn eine Viertelstunde lang. Dann starten Sie den nächsten Versuch. Geht alles gut, verlängert man die Dauer des Fortbleibens langsam.

Hunde sind Gewohnheitstiere: Der Umschüler darf nicht so leicht vorausschauen können, wie lange wir wegbleiben. Sonst gewöhnt er sich schnell an diese Zeitspanne und macht bei Änderungen Ärger. Man beginnt am besten mit 1 Minute und steigert bis zu 3 Minuten. Dann variiert man: zum Beispiel bleibt man 2, 1, 4, 6, 3, 5, 7, 10, 20, 10, 30.... 60, 90 Minuten aus und so wei-

Zunächst machen wir unserem Kameraden klar, daß er sich, während wir im Haus sind, ruhig in seinem Korb (oder auf der Decke) hinzulegen hat. Beherrscht er dies, kann man die Therapie beginnen. Man befiehlt dem Hund auf seinen Platz zu gehen und tut so, als ob man das Haus verlassen will. Dabei

muß man seine eigenen Gewohnheiten genau kennen und mit dem ersten Schritt, zum Beispiel dem Anziehen der Schuhe oder des Mantels beginnen. Wenn der Hund ruhig auf seinem Platz verharrt, zieht man die Schuhe/den Mantel sofort wieder aus und der Hund wird gelobt. Der Kandidat bleibt, während

ter. Man sollte zwei bis dreimal am Tag trainieren. Wenn der Hund bei einer langen Zeitdauer nicht im Korb geblieben ist, uns beim Zurückkommen aber normal begrüßt, ist das in Ordnung und der Hund wird belohnt. Wenn er uns aber übermäßig erregt in Empfang nimmt, wird er für eine Viertelstunde sofort in seinen Korb geschickt.

Manche Hundehalter können oder wollen das Lernprogramm nicht durchführen. In der Zwischenzeit sind vom sogenannten **Kläff-Ex** Modelle mit verschiedener Wirkungsweise auf dem Markt.

Dem Prinzip nach trägt der Hund bei allen ein Halsband mit einem Empfänger. Sobald er bellt, erfolgt eine unangenehme Einwirkung. Das kann ein kurzer Stromimpuls oder auch das Versprühen von Zitronensäure (ein dem Hund unangenehmer Geruch) aus einer Kapsel am Halsband sein. Aus mehreren Gründen lehne ich die Stromvariante von Haus aus ab. Erstens ist immer die Möglichkeit einer Fehlfunktion oder -auslösung gegeben. Der Hund wird dann in einer drastischen Art und Weise ungerecht bestraft. Zweitens stellt sich die Frage, ob man eine Angstreaktion mit Schmerzeinwirkung bekämpfen darf. Die Zitronensäure-Variante ist meiner Erfahrung nach nicht sehr wirksam. Beide Systeme sind natürlich bei der Haltung von mehreren Hunden völlig ungeeignet.

Ein klassisches Beispiel von durch Trennungsangst bedingtem Bellen, Heulen und Zerstören hat mir der Deutsch Drahthaar-Rüde Olex geliefert. Vom Welpenalter an war er bei seinem Vorbesitzer 14 Monate lang als reiner Zwingerhund gehalten worden. Bei mir hat er innerhalb von Tagen eine ausgeprägte Anhänglichkeit entwickelt. Da er als trainierter Jagdhund ein eingefleischter Katzenkiller ist, und ich keine Zwinger besitze, mußte ich ihn im Haus von meinen 7 Katzen getrennt halten. Dadurch konnte er nicht, wie die anderen Hunde, immer bei mir sein. Obwohl ich ihm die gleichaltrige Hündin Nouni zur Gesellschaft gegeben hatte, reagierte Olex am Anfang mit Bellen und Heulen, sobald ich das Zimmer verließ. Wenn ich länger wegblieb, wurden Gegenstände zerstört. Seine Palette reichte vom Kugelschreiber, über Lippenstifte bis hin zu zwei teuren Fernbedienungen.

Die Krönung war allerdings der Tag, an dem ich ins Zimmer zurückkam und mein Bett von der Wand gerückt mitten im Raum stand. Olex hatte gut ein Fünftel der nagelneuen Bandscheibenmatratze zerfetzt. Das konnte die kleine Nouni nun wirklich nicht gewesen sein. Aufgrund widriger Umstände konnte ich bis heute bei meinem eigenen Hund keine entsprechende Therapie durchführen und die Technik wollte ich nicht bemühen. Es blieb mir also

nichts anderes übrig, als alles potentiell Gefährdete wegzuräumen und auf die Zeit zu hoffen. In den folgenden Wochen und Monaten war Olex viel mit mir zusammen, da ich fast ständig und selten ohne meine Hunde unterwegs bin. Tatsächlich dehnte Olex sein Vertrauen stufenweise auch auf das Alleinsein aus. Heute, nach fast 1 Jahr, kann ich ihn als Ausnahme auch 6–8 Stunden ohne Zwischenfälle alleine lassen. Aber richtig zuverlässig ist er noch immer nicht.

Nicht durch Trennungsangst bedingte Destruktivität

➤ Erscheinungsbild

Der Hund beschädigt beliebige Gegenstände durch Zerbeißen und/oder Zerkratzen. Meist ist der Besitzer zumindest nicht im gleichen Zimmer anwesend. Die Zerstörung erfolgt, anders als bei Angst vor der Trennung, in vielen Fällen nicht gleich nach dem Weggehen.

Im Gegensatz zu den meisten Trennungsangst-Fällen kann das Zerstören aber auch geschehen, wenn der Besitzer dabei ist. Husky-Hündin Girly ging so weit, daß sie ihrem Besitzer einen gefundenen Schuh brachte, und vor den Augen des Mannes demonstrativ darauf herumzukauen begann.

➤ Ursachen

- ➤ ungewollte Konditionierung durch den Besitzer
- ➤ Langeweile und Bewegungsmangel
- ➤ Zahnung beim Junghund
- ➤ Jagderfolg beim Buddeln (Mäuse)

Wie im Fall von Girly kann das Verhalten vom Besitzer selbst regelrecht konditioniert, das heißt **angelernt** sein. Ein deutlicher Hinweis darauf ist, wenn sich der Hund überwiegend in Anwesenheit des Halters an Gegenständen vergreift und dadurch direkt mit vermehrter Aufmerksamkeit belohnt wird. Nicht selten ist dem Hund aber einfach **langweilig** und/oder er leidet an **Bewegungsmangel**. Leider werden heutzutage viel zu viele auf bewegungsintensiven Gebrauch gezüchtete Rassen von »Nur-Hundebesitzen« gehalten, die ihrem Hund womöglich nur den eigenen Garten als Erlebniswelt bieten. Stammt das Tier aus einer reinen Schönheitslinie, dann mag die Arbeitsveranlagung (leider) eventuell verkümmert sein, aber wehe man erwischt im wahrsten Sinne des Wortes ein »Arbeitstier«, das dann ohne Beschäftigung bleibt.
Bei vielen Moderassen gibt es solche Schönheitslinien, zum Beispiel bei Irischen Settern oder auch Cocker Spaniels. Selbst bei den Rassen, die noch unter der Bezeichnung »Gebrauchshund« laufen, gibt es schon Linien, in denen vor allem auf Schönheit geachtet wird. Dagegen gibt es viele schneidige Dackel, die ihrer ursprünglichen Bestimmung gemäß in Jägerhand sind. Ein Tier aus solch einer Linie würde ich auf keinen Fall einem Laien empfehlen.
Je agiler ein Hund ist, desto mehr Beschäftigung braucht er, um ausgelastet und glücklich zu sein. Das beste Beispiel dafür ist der Border Collie, der geradezu nach Bewegung und Beschäftigung hungert. Vielen Hunden dieser Rasse ist das Hüten (Umkreisen und Zusammenhalten) so tief verwurzelt, daß alle sich in Gruppen bewegende Objekte umkreist werden (Menschen, Gänse, andere Hunde usw.) Hündin Kessy ist so extrem veranlagt, daß sie trotz ihrer Arbeit als Rettungshund selbst Wolkenformationen oder Flugzeuge zu hüten versucht. Mir sind mehrere Border Collies bekannt, die sich aus Langeweile selbst »beschäftigen«.
Bewegungsmangel und Unterbeschäftigung sind mit die Hauptgründe für die Entwicklung von Fehlverhalten. Ein Husky wie Girly ist und bleibt ein Hund, geboren zum Laufen. Windhunde verkümmern ohne entsprechender Laufmöglichkeit schnell. (Eine Ausnahme macht der kleine Whippet, dessen Bewegungsbedürfnis nicht so unermeßlich ist und der deshalb auch für ältere Herrschaften ein angenehmer Begleithund ist.)

Welpen muß man vor allem während der **Zahnung** genügend Kaumöglichkeiten geben, sonst vergreifen sie sich an ungeeigneten Gegenständen.
Das Buddeln ist den Hunden angeboren. Vor allem, wenn sie die Erfahrung gemacht haben, daß sie zum Erfolg kommen, also zum Beispiel die Maus fangen können, übt es einen unwiderstehlichen Reiz aus. Auch ansonsten sehr folgsame und gut erzogene Hunde können dann dazu verleitet werden, im Garten zu buddeln, wenn man es ihnen nicht von Anfang an strikt verbietet. Auch für die Behandlung des Buddelns gelten die folgenden Regeln.

➤ Gegenmaßnahmen

- ➤ Unterscheidung von Trennungsangst durch Beobachtung
- ➤ mehr Auslauf und gezielte Beschäftigung
- ➤ Fernbestrafung (Mauseoder Lärmfallen)
- ➤ Ablenkung durch z.B. einen Kauknochen

Zunächst gilt es, genau **Protokoll zu führen**, welche Gegenstände, wann und in welcher Situation zerstört wurden, um die genaue Ursache herauszufinden. Dazu wird man sich eventuell der Hilfe eines Tonbandgerätes oder versteckter Beobachtungen bedienen müssen.
Läßt man ein Tonband laufen, kann man den Zeitpunkt des

Richtiges Radfahren mit dem Hund

Nach der Straßenverkehrsordnung dürfen Hunde am Rad mitgeführt werden, wenn der Verkehr nicht gefährdet wird. Der Hund sollte immer rechts auf der dem Verkehr abgewandten Seite laufen. Im Zweifelsfall ist unser Kamerad angeleint. Die Leine sollte frei in der rechten Hand gehalten werden. Wenn Sie so einhändig fahren und sich die Leine auch nicht mehrmals um das Handgelenk gewickelt haben, dann können Sie im Notfall schnell die Leine auslassen und einen Sturz vermeiden. Die Leine sollte auch nicht zu lang bemessen sein. Auf keinen Fall darf der Hund vor oder hinter das Fahrrad gelangen können. Im Handel ist eine Vorrichtung käuflich, die direkt mit dem Fahrradrahmen verbunden wird (»Springer«). Die Leine wird dann in Höhe des Sattels an einer Art Feder befestigt. Man hat dadurch beide Hände frei und Rucke durch den Hund werden ausgeglichen. Ich habe selbst keine Erfahrung mit dem Gerät, habe aber schon Gutes darüber gehört. Wann immer möglich sollte der Hund frei laufen dürfen. Es ist sehr nützlich, wenn der Hund ein Kommando für freies Laufen neben dem Rad kennt und nur mit Erlaubnis herumtollt. Dann freilich kann er neben seinem Bewegungsdrang auch noch seine Neugier befriedigen (Schnuffeln als »Zeitungslesen«). Rassetypisch sind viele Hunde vom Gebäude her zum Traben angelegt (z.B. Deutscher Schäferhund), andere bewegen sich lieber im Galopp vorwärts (Windhunde). Ich strebe mit dem angeleinten Hund einen lockeren Trab an.

Prinzipiell kann man auch kleine Hunde neben dem Rad laufen lassen. Man muß sich hier aber vor allem bei den kurzbeinigen Rassen vor einer Überforderung hüten. Sind längere Strecken geplant, führe ich für meinen Cairn-Terrier-Mischling ein Körbchen mit. Wenn der Hund nicht sicher im Körbchen bleibt, kann man ein Körbchen mit Deckel kaufen.

Wichtig ist, den Hund langsam an das Fahradfahren zu gewöhnen und die Strecke nur allmählich zu verlängern. (Die Ausdauerprüfung für die Schutz-Gebrauchshunderassen wie z.B. Deutscher Schäferhund oder Rottweiler verlangt eine Strecke von 20 km.)

Die Mittagshitze ist zu meiden. Schon mancher bewegungsfreudige Hund hat sich übernommen und einen Hitzschlag erlitten. Das Laufen auf Asphalt oder spitzen Steinen ist nicht ideal. Besonders bei großer Hitze besteht die Gefahr, daß sich der Hund die Pfoten wund läuft. Vor allem Junghunde der großen Rassen unter 1 Jahr darf man nur mäßig belasten, sonst riskiert man eine Schädigung der Bänder und des Bewegungsapparates.

Die Leine ist hier zu lang. Der Hund könnte vor das Rad laufen.

Viel Auslauf und Betätigung machen den Welpen müde. Er sucht sich dann viel seltener ungeeignete Beschäftigungen.

Je eher man das Zielobjekt des Angriffs vorhersagen kann, desto eher kann man durch **Fernbestrafung** einwirken. So kann man verschiedene Gegenstände, die gute Kandidaten für zerstörerische Aktivitäten sind, mit Mause- oder Lärmfallen präparieren.

Schäferhund Berry holte sich immer wieder Schuhe, die er zerkaute, wenn er alleine gelassen wurde. Alle Schuhe bis auf einen wurden weggeräumt. Dieser Schuh wurde so präpariert, daß man eine gespannte Mausefalle hineinlegte. Berry störte sich an der entschärften, umgedrehten Mausefalle nicht. Ein Versuch mit einer »scharfen« Falle brachte den Erfolg (siehe auch S. 83).

Boxer Prinz holte sich die Tischdecke vom Tisch herunter, um sie zu zerfetzen. Auf dem Tisch wurde nahe am Rand eine Pyramide aus leeren Blechdosen aufgebaut. In dem Moment, in dem Prinz die Tischdecke herunterzog, prasselten die Dosen laut scheppernd auf ihn hernieder. Dieser Schreck verleidete ihm die Tischdecke ein für allemal.

Die 8 Monate alte Labrador-Hündin Biene zerstörte bei Abwesenheit der Besitzer verschiedene, nicht vorhersagbare Gegenstände. Ein großer Kauknochen aus Büffelhaut, immer nur dann gegeben, wenn sie alleine gelassen werden mußte, erfreute sie so, daß sie das Verhalten aufgab und brav auf

Beginns der Zerstörung feststellen. Der Beobachtungsposten muß schon sehr raffiniert gewählt sein, daß der Hund unseren Hinterhalt nicht bemerkt. Hilfreich wäre eine Videokamera, die uns das Spionieren abnimmt.

Kommt man zu dem Schluß, daß der Hund nicht aus Angst, sondern eher aus Langeweile heraus zerstört, hilft in den meisten Fällen schon vermehrtes **Fitnesstraining und gezielte Beschäftigung**.

Lassen Sie Ihren Hund dem Alter und der Rasse entsprechend am Fahrrad laufen (siehe S. 81). Der Besitzer von Girly wurde zum Anhänger des Schlittenhunde-sportes und war alle seine Probleme los. Agility (ein Hundesport ähnlich dem Springsport mit Pferden), durchgeführt von einem Verein, ist eine sehr gute Möglichkeit nicht nur für Bewegung für Hund und Herrn, sondern auch für fröhliches Gehorsamstraining. Lernen Sie Ihrem Hund Tricks oder besuchen Sie einen geeigneten Kurs einer guten Hundeschule. Tun Sie mit dem Hund was Sie wollen, aber tun Sie etwas hunde- und rassegemäßes mit ihm zusammen. Den Hund aus Zeitmangel dazu einer anderen Person zu überlassen, kann nur eine Notlösung sein (siehe S. 83 und S. 123).

Bewegungsmöglichkeiten für Hund und Herrn					
Bewegungs-möglichkeiten	geeignet für	Verein oder Helfer nötig	Zeitaufwand	bes. Anforderungen an den Hundeführer	Qualität
Fahrradfahren	alle bewegungs-freudigen Hunde (nicht zu groß, schwer oder niederläufig)	nein	kein besonderer	Ausdauer	besonders hoch
Schwimmen	alle schwimm-freudigen Hunde	nein	geeignete Gewässer sind nicht leicht zu finden	Ausdauer	besonders hoch
Begleitung beim Joggen	alle bewegungs-freudigen Hunde (Tempo und Strecke der Laufleistung des Hundes anpassen)	nein	kein besonderer	Ausdauer	normal
Rennbahn	alle Windhunde	ja	groß	Spezialkenntnisse	besonders hoch
freies Spiel mit anderen Hunden	alle Hunde	ja (Spielpartner)	nur Koordination mit anderen Hundebesitzern	richtiges Einschätzen der Spielpartner	außergewöhnlich hoch
Spaziergang ohne Leine	alle Hunde	nein	kein besonderer	keine	normal

die Rückkehr von Herrchen wartete. Besonders bei jungen Hunden sind solche **Ablenkungsmanöver** sinnvoll und hilfreich. Irgendwann einmal muß der Hund aber auch ohne Knochen ruhig bleiben.

 Meine mittelgroße Hündin Nouni liebt es, sich im Auto in meiner Abwesenheit auf den Fahrersitz zu setzen. Solange der Hund sauber und trocken ist, muß das ja kein Drama sein. Aber auf einem total verdreckten und klatschnaßen Sitz fahren zu müssen, ist keine Freude. Vier »scharfe« Mause-

Mit Mausefallen fängt man nicht nur Mäuse ...

Der Bügel der Falle wird ohne Köder gespannt und die Falle so auf/bei einem Objekt plaziert, daß der Hund die Falle auslöst, wenn er verbotenerweise das Objekt berührt. Bei kleinen Hunden muß man die Falle umgedreht benutzen, um den Hund nicht zu verletzen. Nie darf man eine Rattenfalle verwenden. Damit kann man den Hund ernsthaft verletzen! Es ist ein bißchen ein Geduldsspiel, dafür zu sorgen, daß die Falle auch dann nicht zu-

schnappt, wenn man sie mit dem gespannten Bügel nach unten aufstellt, aber es geht. Man muß die Falle auch entschärfen, wenn zu erwarten ist, daß der Hund den Gegenstand zuerst mit der Nase berührt. Der Sinn der umgedrehten Mausefalle ist, daß der Hund unerwartet erschreckt wird. Sobald die Falle berührt wird, schnappt sie zu und springt nach oben. Bei großen Hunden kann man die Falle auch »scharf« verwenden.

fallen lösten das Problem innerhalb von einigen Trainingsgelegenheiten, obwohl Nouni hartnäckig war. Genau dreimal waren alle Fallen ausgelöst. Wochenlang spickte ich den Sitz noch mit den Fallen, sobald ich das Auto verließ. Nouni ist nie mehr nach vorne auf den Fahrersitz gekommen.

Angst vor Lärm (Lärmphobien)

➤ Erscheinungsbild

Der Hund reagiert mit ängstlicher Erregung, sobald er unvorhergesehen einem lauten akustischen Reiz ausgesetzt wird. Er erschrickt, sucht die Nähe seines Herrchens oder läuft im Gegenteil fort, er kratzt an Türen. Bernhardiner Sultan sprang durch geschlossene Glasfenster, wenn Sektflaschen entkorkt wurden. In der Regel sind es Knallgeräusche, die die Angst auslösen: Schüsse, Feuerwerkskörper, Nahflug von Kampfjägern, Fehlzündungen von Autos und Donner.

Im Fall von Gewittern spürt der Hund lange bevor der Mensch erste Anzeichen wahrnimmt wahrscheinlich die atmosphärischen Veränderungen. Meine Golden-Retriever-Hündin Camilla gerät schon bis zu 2 Stunden bevor man den ersten Donnerschlag hört in Panik und tänzelt aufgeregt hechelnd um mich herum. Es gibt Hunde, die zwar erregt aber nicht ängstlich auf einen Knall reagieren. Mein

Körperliche Nähe (ohne zu Bemuttern!) hilft Ängste zu überwinden. (Akita Inu)

Schäferhund Donar reagierte schon als Welpe auf einen Schuß. Er verhielt in seiner Tätigkeit und horchte auf. Später bei der Ausbildung geriet er beim Schießen immer in freudige Erregung und wollte zum Beispiel, wenn er »Platz« gelegt war, aufstehen und zur Quelle des Knalls rennen. Ich habe das Verhalten in den Griff bekommen, aber einem Schuß gegenüber absolut gleichgültig wird Donar nie werden.

Jagdhund Olex hat zu früh den Schuß mit einer lustvollen Suche verbunden. Auch er bleibt schlecht liegen und sucht zumindest mit den Augen sofort den Himmel nach der »fallenden Ente« ab. Solch ein Verhalten nennt man Schußhitzigkeit.

➤ Ursache

➤ versäumte Prägung

➤ Bemutterung, wenn der Hund erschrickt

➤ Verknüpfung mit einem Schreckerlebnis

Der Hund hat als Welpe (Prägungszeit!) und Junghund nie die Möglichkeit gehabt, mit intensiven akustischen Reizen neutrale oder positive Erfahrungen zu machen. Freilich ist es nicht angesagt, neben einem 5 Wochen alten Welpen einen Gewehrschuß abzugeben, um ihn daran zu »gewöhnen«. Aber vor allem, wenn er gerade mit etwas Angenehmem (zum Beispiel Spielen) beschäftigt ist, kann er ihn aus der Ferne schon einmal hören. Der Züchter sollte auch hin und wieder mitten in der Welpenschar einen großen Schlüsselbund fallen lassen und so weiter. Ein Fehler, den viele Besitzer machen, ist die Beruhigung des Welpen während des Ereignisses. Der Kleine erschrickt und wird sofort bemuttert. Für den Hund ist dies eine Belohnung und Bestätigung für sein ängstliches Verhalten! Das gilt auch bei erwachsenen Hunden.

Wenn das Knallereignis zufällig mit einer dem Hund sehr unangenehmen Einwirkung zusammenfällt, kann es sein, daß der Hund unbeabsichtigt das Schreckerlebnis mit dem Knall verbindet. Seiner Denkweise nach erwartet er dann beim nächsten Knall die »Strafe« und erschrickt deshalb.

➤ Gegenmaßnahmen

Einzige Möglichkeit: systematische Desensibilisierung (siehe auch S. 19) mit Hilfe von
➤ Tonbandaufnahmen usw.
➤ Knalldämpfung

Die entscheidende Frage ist, ob die Geräuschempfindlichkeit angeboren (wie im Fall von Schäferhund Donar) oder erworben (durch ein Schreckerlebnis) ist. Wenn man den Hund nicht von klein auf kennt, ist diese Unterscheidung nicht leicht zu treffen. Je genauer man die Situation, in der der Hund das Schreckverhalten zum ersten Mal gezeigt hat, rekonstruieren kann, desto besser sind die Chancen auf

Heilung. Angeborene Empfindlichkeit kann man im besten Fall günstig beeinflussen, beseitigen kann man sie nicht.

Wirksam ist nur eine **systematische Desensibilisierung** in Verbindung mit Belohnung. Zuerst muß man eine gute Tonbandaufnahme des auslösenden Reizes herstellen oder kaufen (zum Beispiel Schallplatten, Kassetten oder CDs, die zum Vertonen gedacht sind). Um sicher zu gehen, daß die Aufnahme die Angstreaktion des Hundes auch wirklich auslöst, spielt man sie einmal laut ab und beobachtet die Reaktion des Hundes, ohne in irgend einer Weise einzugreifen. Wenn dies zutrifft, kann die Behandlung beginnen. Man fängt mit der Lautstärke an, bei der der Hund gerade noch reagiert, und erteilt dem Hund keine Aufmerksamkeit oder Zuneigung, wenn er auf den Lärm ängstlich reagiert. Verhält er sich ruhig, wird er mit Streicheln, Spielen oder einem geliebten Futterbrocken belohnt. Zwei Sitzungen pro Tag mit einer Dauer von ca. 5 Minuten sind ausreichend. Man merkt sich jedesmal die Lautstärke (eventuell markieren) und erhöht sie das nächste Mal ganz langsam. Wenn einmal die Angstreaktion ausgelöst wird, wurde die Desensibilisierung zu schnell vorangetrieben. In der Regel muß man mit einem Zeitaufwand von mindestens 1–2 Wochen rechnen. Die Wirksamkeit der Belohnungen kann erhöht werden, wenn

man sie außerhalb der Trainingssitzungen reduziert.

Im Falle von Schußangst hat man noch eine andere Möglichkeit. Man besorgt sich eine Schreckschußpistole, Kaliber sechs, und mehrere Kartons, die man ineinanderschachteln kann. In das ganze Gebilde schneidet man eine Öffnung, durch die gerade eine Hand paßt. Man schiebt die Hand mit der Pistole durch die Öffnung und schießt (vgl. Grafiken). Es werden so viele Kartons benötigt, bis der Schuß soweit gedämpft ist, daß der Hund gerade noch ängstlich reagiert. Im Laufe der Sitzungen wird dann ein Karton nach dem anderen entfernt, so daß der Knall immer lauter wird.

Man kann diese Methode auch mit der regulären Fütterung des Hundes verbinden. Gleich nach dem Schuß und ruhigem Verhalten bekommt der Hund seine Schüssel vorgesetzt.

Der Riesenschnauzer hat Angst vor dem Wasser. Die Hundeführerin versucht zwar, ihn mit einem Spielzeug zu locken, zerrt den Hund aber gleichzeitig mit Gewalt ins Wasser.

Besser: Sich vom Hund entfernen und mit dem Spielzeug locken.

Die richtige Mischung aus Geduld und Durchsetzungsvermögen führt zum Erfolg!

Allgemeine übermäßige Furchtsamkeit und unterwürfiges (submissives) Harnen

➤ Erscheinungsbild

Viele Hunde fühlen sich schnell bedroht und sind allgemein ängstlich. Es ist nur die Frage, inwieweit der Besitzer das tolerieren will oder kann. Vor allem bei Gebrauchshunden ist das Verhalten äußerst unerwünscht und führt zum Zuchtausschluß des Tieres. Je länger man seinen Hund beobachtet, desto mehr bekommt man ein Gefühl für die Situationen, in denen der Hund besonders ängstlich reagiert. Man darf aber nicht vergessen, daß eine gewisse Vorsicht und Zurückhaltung auch rassetypisch sein kann. Vor allem die Hirten- und Windhunderassen sind nicht jedermans Freund.

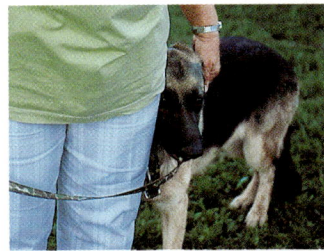

Ein allgemein unsicherer Hund drängt sich ängstlich an sein Frauchen. (Schäferhund)

 Die allgemein nicht selbstsichere Mischlingshündin Nouni wurde eines Tages ohne Vorbereitung mit einer ganzen Halle voll ausgestopfter Tiere konfrontiert. Das war anscheinend zuviel für die sensible Nouni. Der Schock muß so tief gewesen sein, daß er nachwirkte. Präparierte Tiere konnten auch noch nach Wochen übermäßige Ängstlichkeit hervorrufen.

Unter **submissivem Harnen** versteht man das Harnen aus Unterwürfigkeit. Oft ist das kombiniert mit anderen Demutshaltungen (auf den Rücken legen und so weiter). Sehr häufig zeigen Welpen das Verhalten. In den meisten Fällen gibt es sich mit fortschreitendem Alter, wenn der Besitzer richtig reagiert.

➤ Ursachen

➤ Anwesenheit dominanter Personen oder Hunde
➤ Veranlagung
➤ Aufzuchtfehler

Submissives Harnen wird durch die **Anwesenheit einer meist sehr dominanten Person oder eines Hundes** ausgelöst und wird durch die Bestrafung des Hundes verstärkt. Das Tier wird dann noch unterwürfiger. Bei allgemeiner Ängstlichkeit kann **Veranlagung** mitspielen. Meist handelt es sich aber um einen **Aufzuchtfehler**. Der Hund wurde vor allem in der Prägungszeit nicht genügend gefördert oder machte, noch schlimmer, sogar schlechte Erfahrungen. Die berüchtigten Massenvermehrer (ich vermeide den Ausdruck Züchter bewußt) im In- und Ausland halten ihre zur Wurfmaschinen degradierten Mutterhündinnen meist in kleinen, dunklen Verschlägen. So wachsen die Welpen ohne menschliche Betreuung und Umweltkontakt auf, bis sie alt genug zum Verkaufen sind (meistens schon viel früher). Das hat verheerende Folgen, die die bedauernswerten Kreaturen bis an ihr Lebensende belasten.

Meine Mischlingshündin Nouni stammt aus einem spanischen Tierheim. Sie kam im Alter von ungefähr 5 Monaten zu mir. Mit Sicherheit stammt sie von Straßenhunden ab, für die eine gewisse Vorsicht lebensnotwendig ist. Ihrem Verhalten nach hatte sie viel Kontakt mit anderen Hunden. Hier gab es von Anfang an keine Schwierigkeiten. Kinder oder Männer lösten dagegen Panik aus. Schlechte Erfahrung oder fehlende Prägung? Ich weiß es nicht. Auf jeden Fall reagiert Nouni auf jede auch nur ansatzweise Drohbewegung ängstlich und ist dann für eine gewisse Zeit allgemein verunsichert. Das können ein paar Minuten oder auch Stunden sein. Sonst ist sie ein freches kleines Mädchen von außergewöhnlicher Intelligenz (das heißt hier Lernfähigkeit).

➤ Gegenmaßnahmen

➤ Dominanzgesten unterlassen
➤ Gewöhnung über einen langen Zeitraum

Übermäßige Ängstlichkeit läßt sich nur durch geduldige Gewöhnung bessern. Der Mischlings-Rüde umrundet vorsichtig ein ihm unheimliches Objekt (ausgestopfter Fuchs).

Der Rüde traut sich nur in Begleitung seines Frauchens näher. Seine Körperhaltung verrät aber permanente Fluchtbereitschaft.

Im Gegensatz dazu nähert sich die Rottweiler-Hündin ohne Furcht und beschnuppert den ausgestopften Fuchs neugierig.

Der 10 Monate alte Briard ist allgemein ängstlich. Eine ihm fremde Person versucht Kontakt mit dem Hund aufzunehmen. Um weniger bedrohlich zu wirken, geht die Person in die Hocke.

Der Hund wird nicht zum Näherkommen gezwungen, sondern darf den Kontakt von sich aus etablieren. Die Besitzerin bleibt passiv und unterstützt den Hund höchstens leise mit Worten.

Der erste Schritt ist getan. Der Hund läßt sich anlangen, während er dargebotene Futterbrocken frißt. Seine Körperhaltung verrät aber noch eine deutliche Unsicherheit.

Im Fall von submissivem Harnen muß die Person möglichst **alles unterlassen, was der Hund als Dominanzgeste interpretiert**. Vor allem sollte man den Hund nicht von oben herab begrüßen, sondern sich zu ihm hinunterbeugen. Man darf nicht über dem Hund, der auf dem Rücken liegt, stehen. Die Hand kommt nicht von oben herab, sondern man läßt diesen unterwürfigen Hund den Kontakt selbst etablieren. Der Halter sollte den Hund auch nicht direkt anblicken.

 Bei Beauceron-Hündin Yassou genügte die bloße Ankunft eines Besuchers (Eintreten nach dem Klingeln unter Vermeidung aller Dominanzgesten), um bis zu ihrem fünften Lebensjahr regelmäßig submissives Harnen auszulösen. Yassou war übrigens ansonsten ein durchaus selbstbewußter Hund, der auch als Schutz- und Rettungshund stets »seinen Mann stand«.

Angeborene Ängstlichkeit läßt sich nur durch geduldige **Gewöhnung** bessern. Man muß sehr viel Zeit und Energie investieren, den Angsthasen immer wieder mit Furchtobjekten zusammen zu bringen, von denen dann nur Gutes, sprich zum Beispiel leckeres Futter, kommt. Nie darf man einen ängstlichen Hund an die Quelle der vermeintlichen Gefahr gewaltsam heranzerren. Man muß ihn vielmehr mit liebevoller Konsequenz zum Nähergehen überreden.

Eine gemiedene Person geht in die Knie und lockt den Hund gleichzeitig. Neben oder auf der schreckerregenden Mülltonne liegt unwiderstehliches Futter. Nie darf man durch Trösten ängstliches Verhalten bestätigen. Erst wenn sich der Hund überwunden hat und näher geht, wird er belohnt. Wie lange das letztendlich gedauert hat, ist Nebensache. Durch viele positive Erfahrungen über einen langen Zeitraum, kann man die größten Probleme in den Griff gekommen.

 Nouni war ein echtes Problem als ich sie mit etwa 5 Monaten übernahm. Mit anderen Hunden spielte sie gerne, aber Menschen gegenüber hatte sie starke Hemmungen. Gott sei Dank ist sie aber sehr verfressen. Immer wieder ließ ich sie von furchteinflößenden Menschen füttern. Heute ist Nouni 2 Jahre alt und hat gerade die Hauptrolle in einer Fernsehserie übernommen. Die vollkommen kameraunerfahrene Nouni hat sich innerhalb von wenigen Tagen an den Trubel am Drehort gewöhnt. Fröhlich springt sie neben »Herrchen« her und schleckt den Film-Kindern ohne jedes Anzeichen von Unwohlsein oder Angst liebevoll das Gesicht ab. Potentiell belastende Situationen übe ich schrittweise. Außerhalb der Drehzeiten reagiert sie aber vor allem auf Männer, die sich unerwartet ruckartig über sie beugen, immer noch ängstlich. Auch eine lärmende Kinderschar, der

wir plötzlich begegnen, belastet ihr Nervenkostüm stark. (Erstaunlicherweise ist Nouni übrigens nicht knallempfindlich.)

Autofahren

> ### ➤ Erscheinungsbild

> ➤ allgemeine Erregung
> ➤ Zerstörungswut
> ➤ Ängstlichkeit
> ➤ Übelkeit

Der Hund verhält sich im Auto unruhig. Er bellt, hechelt und speichelt stark. Er zerkratzt und/oder zerkaut auch in Anwesenheit des Besitzers Polster und Türverkleidungen. (Findet die Zerstörung in Abwesenheit des Besitzers statt, deutet das auf Trennungsangst hin; siehe S. 76ff. Aggression bei Annäherung einer fremden Person ist territorial bedingt; siehe S. 61ff.) Das erregte Verhalten kann in dem Moment beginnen, in dem der Hund einsteigt, erst wenn zusätzlich der Halter einsteigt oder erst, wenn losgefahren wird. Es kann bei allen oder nur bestimmten Personen, in allen oder nur einem Auto, auf allen Straßen oder nur einer einzigen auftreten.

 Neben Erregung kann der Hund auch Angst zeigen. Der kleine Mischling Max wird bei den ersten Anzeichen einer bevorstehenden Autofahrt ängstlich, und erstarrt, sobald er im Auto ist.

Andere Hunde meiden das Auto, weil ihnen schlecht wird. Wer je selbst unter der Reisekrankeit gelitten hat, weiß wie schlimm das ist. Hier hilft nur, den Hund vor der Fahrt nicht zu füttern und/oder ihm ein vom Tierarzt verschriebenes Medikament oder ein homöophatisches Mittel (Nux Vomica D 30, Cocculus D 6, Petroleum 200) gegen die Übelkeit zu verabreichen.

➤ Ursachen

➤ Erregung aus Lust am Fahren
➤ Frustration
➤ Konditionierung
➤ Aversion (Abneigung)
➤ physische Überempfindlichkeit

Große Hunde befördert man am besten hinten in einem Combi. Diese gut erzogenen Hunde bleiben auch bei geöffneter Heckklappe im Wagen.

Schon die **Bewegung und das Motorgeräusch** eines Autos an sich, wird von vielen Hunden als Reiz empfunden. Bei mangelnder Früherfahrung damit kann das Verhalten des Tieres aus der Bahn geraten. Manche Hunde scheinen regelrecht **frustriert** zu sein, durch das Fenster etwas zu sehen, was sie doch nicht erreichen können.

Bei der Entstehung des Problems hat nicht selten **Konditionierung** (siehe S. 12f.) eine Rolle gespielt. Der Hund hat das Einsteigen ins Auto oder das Anlassen des Motors mit einer abwechslungsreichen Fensteraussicht oder dem Spaziergang am Ende der Fahrt gekoppelt (klassische Konditionierung). Eine weitere Möglichkeit ist, daß in den Augen des Hundes das Bellen und Herumspringen im Auto mit immer neuen Aussichten oder dem nachfolgenden Spaziergang belohnt wird (instrumentelle Konditionierung). Für den Hund verstärkt sich dadurch der Eindruck, daß seine Unruhe positive Ergebnisse erbringt. In diesem Fall wirken Versuche des Halters, ihn während der Fahrt abzulenken, zu beruhigen oder auf den Schoß zu nehmen wie eine zusätzliche Belohnung.

Übelkeit kann eine erworbene **Aversion** gegenüber dem Auto zur Ursache haben oder sie ist physisch bedingt (**übermäßige Empfindlichkeit** des Gleichgewichtsinns oder gegenüber Benzingeruch).

➤ Gegenmaßnahmen

➤ systematische Desensibilisierung (siehe auch S. 19)
➤ Änderung des eigenen Verhaltens

Zunächst muß man durch Experimente den genauen auslösenden Reiz feststellen (Auto, Motor, Person, Strecke usw.). Diesem/diesen Reiz(en) gegenüber muß der Hund dann **systematisch desensibilisiert** werden. Der Hund freut sich so auf den folgenden Spaziergang, daß er von Beginn der Fahrt an laut bellend seine Ungeduld äußert.
Als ersten Schritt wird der Hund immer wieder ins Auto gesetzt

und nur belohnt, wenn er ruhig ist. Lassen Sie nicht den Motor an, sondern nehmen Sie den Hund sofort wieder hinaus. Sobald er in dieser Situation keine Erregung mehr zeigt, kann man den Motor anlassen. Ruhiges Verhalten wird belohnt und der Motor abgestellt. Als nächstes wird ein kleines Stück gefahren. Der Hund bleibt ruhig und wird belohnt. Wenn der Hund wieder mit Bellen beginnt, ist man zu weit gefahren. Die Fahrtstrecke muß wieder verkürzt werden. Bei zwei Übungssitzungen am Tag dauert es ca. 2 Wochen, bis der Hund von seiner übermäßigen Erregung geheilt ist. Hilfreich ist oft, den Hund vermehrt zu Fahrten mitzunehmen, die nicht in einem Spaziergang enden. (Wenn der Hund im umgekehrten Fall im Auto Angst zeigt, sollte man zum Beispiel nicht nur zum Tierarzt mit ihm fahren.)

Bei dem ängstlichen Max wurde die Desensibilisierung in Zusammenhang mit der täglichen Fütterung versucht. Alle anderen Autofahrten wurden generell gestrichen. Da Max sich schon bei der bloßen Annäherung an das Auto sehr ängstlich zeigte, wies ich die Besitzer an, in der ersten Trainingsperiode den Hund schon auf dem Weg zum Auto zu füttern, wenn er ruhig geblieben war und dann sofort wieder umzukehren. Bei Erfolg hätte der Abstand zum Auto jeden Tag etwas verkürzt werden können. Zuletzt wäre die Fütte-

Dieser Schäferhund nimmt die Fahrt gelassen hin.

rung direkt vor dem Auto erfolgt, dann ohne laufenden Motor im Wagen, darauf mit laufendem Motor. Erst wenn sich Max auch in dieser Situation entspannt hätte, wäre eine sehr kurze Fahrt angestanden. Zusätzlich zu dieser verhaltenstherapeutischen Behandlung wurden Max homöopathische Mittel verschrieben. In diesem Fall trat ein sehr interessanter Effekt auf. Die Beratungsgespräche hatten immer in Anwesenheit der Frau und des Mannes stattgefunden. Ich erfuhr nur, daß der kleine Hund als Jungtier aus dem Tierheim geholt worden war. Auf dem Nachhauseweg geschah ein kleiner Unfall. Möglich, daß das für Max ein Schockerlebnis mit bleibender Wirkung war. Wahrscheinlich lag also eine erworbene Angst mit guter Heilungsaussicht vor. Gegen jede Erwartung machte Max

aber überhaupt keine Fortschritte. Bei einem erneuten Gespräch traf ich nur mit der Frau alleine zusammen. Auffallend war, daß immer wieder ihr nicht erfüllbarer Kinderwunsch zur Sprache kam. Jetzt wurde der Grund für den Mißerfolg allmählich deutlich. Der kleine Max war Kinderersatz. Das ist an und für sich noch nichts Ungewöhnliches. Das Bedürfnis nach Bemutterung war bei dieser Frau aber so groß, daß ihr das ängstliche Verhalten ihres Hundes nur entgegen kam. Nach außen war sie ehrlich darum bemüht, etwas zu ändern, aber unbewußt unterstützte sie das Fehlverhalten.

Leider konnte die Frau nicht über ihren Schatten springen und brach die Behandlung ab. Bei erregtem Verhalten des Hundes während der Fahrt, das offensichtlich durch die Aufmerksamkeit des Besitzers noch verstärkt wird, muß man erst einmal das **eigene Verhalten ändern**, bis der Hund sich beruhigt hat. Braves Benehmen muß immer wieder belohnt werden, erregtes sollte man versuchen zu ignorieren. Wenn das nicht schnell zum Erfolg führt und man mit den Nerven am Ende ist, empfiehlt sich für den Hund eine sichtdichte Box, in der der Kamerad oft ohne zusätzliches Training ruhig bleibt. (Auf eine ausreichende Luftzirkulation achten. Gut geeignet sind Flugboxen, die es in verschiedenen Größen gibt. Kostenpunkt ab ca. 150,– DM.)

➤ Erscheinungsbild

Der Hund nimmt Kot entweder einer oder aller Arten auf. Es ist wichtig, genau zu beobachten, ob eigener oder fremder, wenn ja welcher Kot, und wo er gewöhnlich aufgenommen wird. Es gibt Hunde, die fühlen sich geradezu magisch angezogen von Kotgeruch. Laufen sie ohne Leine, halten sie plötzlich die Nase in den Wind und verschwinden im Gebüsch.

Wenn sie wieder erscheinen, strömen sie diesen charakteristischen unangenehmen Geruch aus. Wer Hunde und Katzen zusammen hält wird mir bestätigen, daß die Hinterlassenschaften von Katzen einen geradezu unwiderstehlichen Reiz auf die Hunde ausüben.
Man therapiert mit der unten genannten Aversionsmethode. Eine geschlossene Katzentoilette kann man auch mit Mausefallen »sichern« (siehe S. 83).

➤ Ursachen

Auch die Wissenschaft ist sich noch nicht darüber einig, warum ein Hund den eigenen oder fremden Kot frißt. Es existieren mehrere Theorien:

➤ angeborenes Verhalten (Säuberung des Welpennestes)
➤ Hang zum Aasfressen
➤ Langeweile
➤ Ziel: Erregung von Aufmerksamkeit
➤ Nährstoffmangel

Sich wälzen in Unrat jeglicher Art ist für alle Hunde eine große Versuchung. (Mischling)

Das Ganze steht im Zusammenhang mit dem **angeborenem Verhalten** beider Geschlechter, den Kot der Welpen aus dem Nest zu entfernen. Es kann sich auch um eine natürliche Tendenz handeln, **verfaulte Nahrung** (Aas und so weiter) zu fressen. Vor allem Zwingerhunde können aus reiner **Langeweile** ihren eigenen Kot fressen. Die Koprophagie kann für den Hund zum Mittel werden, Aufmerksamkeit zu erregen.

Der Hund kann unter einem **Nährstoffmangel** leiden. (Diese Möglichkeit hat sich bei Untersuchungen an freilebenden Gorillas bestätigt.) Dies könnte vielleicht der Grund für die Vorliebe der meisten Hunden für Kot von Pflanzenfressern (vor allem Pferdeäpfel) sein.

➤ Gegenmaßnahmen

Aversionstheraphie, z. B.:

➤ präparieren mit scharfem Pfeffer

➤ »Sicherung« durch eine Mausefalle

Wenn das Verhalten stört, muß man eine **Aversionstherapie** durchführen, das heißt dem Hund das Aufnehmen von Kot verleiden. Dazu muß man den entsprechenden Kot mit scharfem Pfeffer (Cayenne, Tabasco) präparieren. Erfahrungsgemäß stört das viele Hunde nicht. Dann besorgt man sich vom Tierarzt ein Emetikum (Erbrechen auslösende Substanz). Der behandelte Kot wird an Stellen ausgelegt, an denen der Hund gewöhnlich Kot aufnimmt oder ihn leicht finden

kann. Der Halter benimmt sich vollkommen neutral und tut so, als ob er die Missetat seines Kameraden nicht bemerken würde. Man kann nur hoffen, daß der Hund negativ auf den präparierten Haufen reagiert. In den nächsten Tagen muß man unbedingt vermeiden, daß der Hund unpräparierten Kot aufnehmen kann. Notfalls muß man ihn für diese Zeit an der Leine führen. Dann stellt man dem Hund noch ein bis zwei Male eine Falle.

Die Behandlung war erfolgreich, wenn er Kot allgemein meidet. Kann man sich nicht überwinden, Kot auszulegen, muß man schon vorhandene Haufen suchen und diese dann präparieren. Eine geschlossene Katzentoilette kann man gut mit Mausefallen sichern, wenn die Katze nicht da ist.

Von klein auf muß man das Aufnehmen von Unrat verhindern. (Gordon-Setter-Welpe)

➤ Erscheinungsbild

Der Hund entfernt sich bei jeder sich bietenden Gelegenheit für kürzere oder längere Zeit von seinem Haus und Garten. Oder er läuft sogar außerhalb dieses Gebietes seinem Besitzer weg. Manche Vierbeiner sind nach Minuten wieder da, andere lassen sich stundenlang nicht mehr blicken. Hunde sind von Natur aus äußerst soziale Tiere. Normalerweise bleibt das Rudel zusammen. Wenn unser Hund auch unter Überwindung von Widerstand und Hindernissen immer wieder wegstrebt, ist das nicht als normal anzusehen.

BEISPIEL Bobtail King, noch nicht 1 Jahr alt, »entwich« immer wieder aus dem Garten und ging alleine spazieren.

Diagnose: normales Erkundungsverhalten, ausgelöst durch das Fehlen eines Zaunes! Mit sehr viel Mühe, Zeit und Ausdauer kann man einem Hund zwar die Grenzen seines engeren Territoriums (Garten) deutlich machen, aber darauf verlassen würde ich mich nicht.

BEISPIEL Die Appenzeller-Hündin Soffi wohnte in einem wunderschönen Haus mit großem Garten nahe dem Wald. Vor allem, wenn sie morgens oder abends in den Garten gelassen wurde, fand sie immer wieder ein Loch im Zaun, um auszubüchsen. In der Regel kam sie erst nach 1–2 Stunden vollkommen abgehetzt zurück.

BEISPIEL Dackel-Rüde Niko mußte regelmäßig abgeholt werden, wenn er auf Freiersfüßen wandelte und vor dem Haus der Angebeteten eisern ausharrte.

BEISPIEL Auch Hündinnen in der Hochbrunst sind unberechenbar. (Sicherstes Anzeichen: Die Hündin dreht bei der kleinsten Berührung ihres Hinterteils den Schwanz zur Seite. Man sagt, die Hündin »steht«.) Meine tadellos folgsame Schäferhündin Jessy war leichtsinnigerweise unangeleint, als sie hochläufig ihren besten Hundefreund traf. Es war eine Sache von Sekunden, bis die beiden eindeutig schäkernd über die Felder verschwanden. Jedes Rufen war umsonst. Mir blieb nichts anderes übrig, als ihnen über die Ackerschollen nachzuhetzen. Im letzten Moment konnte ich das Schlimmste vermeiden. Aber das war ein Glücksfall. Wenn man nicht einen

Manche Hunde springen beim Ausbrechen nicht über den Zaun, sondern graben sich darunter hindurch oder schaffen sich ein Loch.

In diesem Moment sollte den Ausreißer spätestens das »jüngste Gericht« treffen.

Wurf junger Hunde aufziehen und vor allem gut vermitteln will, muß man eine läufige Hündin sehr gut unter Kontrolle behalten. Sie könnte sogar über den Gartenzaun springen – oder der/die Verehrer zu ihr hinein. Ihr Brunstduft verbreitet sich kilometerweit durchs Gelände.

Daß besonders ältere Hunde einem neuen Heim oder einem neuen Besitzer oder aus einer Tierpension zu entlaufen trachten, um in die früher gewohnte Umwelt und zu ihrem früheren Herrn zurück zu gelangen, ist bekannt.

➤ Ursachen

➤ Langeweile und Bewegungsdrang

➤ mangelnde Dominanz des Halters

➤ Verlassenheitsgefühl

➤ Jagdtrieb

➤ Frustration

➤ Geschlechtstrieb

➤ falsche Aufzucht

Viele Hunde entweichen aus **Langeweile** und angestautem **Bewegungsdrang**. Es ist eine irrige Meinung vieler Leute, daß zur Haltung eines Hundes ein großer Garten genügt. Erstens bewegt sich ein Hund erfahrungsgemäß auch auf einem großen Grundstück nie so wie bei freiem Auslauf und zweitens fehlen ihm auf dem immer gleich bleibenden Platz abwechslungsreiche Umweltreize, vor allem neue Gerüche und Begegnungen. Muß da

Rüden fühlen sich durch die Spur hitziger Hündinnen magisch angezogen und neigen dann auch zum Entweichen. (Golden Retriever)

das Leben vor dem Zaun nicht sehr verführerisch sein.

Unterstützt wird die Ausbruchstendenz durch eine **mangelnde Dominanz** des Halters über den Hund. Wer sein eigener Herr ist, tut auch, was er will. Wenn der Hund alleine zu Hause ist, kann er aus einem **Verlassenheitsgefühl** heraus weglaufen und versuchen, den Kontakt mit seinem »Rudel« wiederherzustellen.

Der **Beutejagdtrieb** veranlaßt hundeartige Raubtiere ebenfalls, ihr Heim zu verlassen und umherzustreifen. Hunden kann man derlei Freiheiten im allgemeinen nicht zugestehen. Wildernde Hunde werden erschossen. Appenzeller Soffi entkam diesem Schicksal nur knapp.

 Ein anderer Beweggrund lag bei dem Schäferhund-Rottweiler-Mischling Rex vor. Der sehr anhängliche und verspielte Rüde wurde nur im Garten gehalten und durfte das Haus nicht betreten. Stundenlang saß er vor der Terrassentür und schaute sehnsüchtig dem Treiben seines »Rudels« zu. Er schien vor allem mit den Kindern spielen zu wollen, die aber kein Interesse an dem Hund hatten und ihn wohl wegen seiner Größe und Ungestümheit auch etwas fürchteten. Der Hund mußte sich ausgestoßen fühlen. Es ist eine experimentell bewiesene Tatsache, daß Hunde sich aufgezwungenen **Frustrations- und Konfliktsituationen** unter anderem auch durch Flucht zu entziehen versuchen. Kann man nicht verstehen, daß Rex seiner immerwährenden Zwangslage entkommen wollte? Vor allem bei intakten Rüden und auch bei hochläufigen Hündinnen spielt der **Geschlechtstrieb** eine unwiderstehliche Rolle. Nicht vergessen darf man die vielen Tierheim- oder Privathunde »aus zweiter Hand« oder gar herrenlose Streuner, deren bisheriges Leben nicht optimal gestaltet war. Wenn der Hund bei der Jugendaufzucht **mangelnde Sozialisierungsmöglichkeiten** hatte (gar keinen oder zu wenig Kontakt mit »positiven« Menschen) oder wenn er von Haus aus nie eine Bindung an ein bestimmtes Heim entwickeln konnte (Verwahrlosungsbedingungen), sind auch in einem neuen, besserem Heim die Weichen zum Ausbrechen und Streunen gestellt.

Ehemalige Streuner neigen manchmal auch im neuen, guten Zuhause zum Ausbrechen. (Ex-Straßenhund Nouni aus Spanien)

➤ Gegenmaßnahmen

- ➤ Beschäftigung
- ➤ Desensibilisierung bei Trennungsangst
- ➤ Verleiden des Jagens
- ➤ vermehrte soziale Kontakte
- ➤ Bestrafung
- ➤ Kastration (vor allem bei Rüden)

Gegen Langeweile und Bewegungsmangel hilft nur, mehr Zeit für den Hund aufzuwenden, sich eine **sinnvolle Beschäftigung** für ihn zu suchen und ihm bedeutend mehr freien Auslauf nicht nur an der Leine zu gewähren. Für einen bewegungsfreudigen Hund sind 2 Stunden am Tag als Minimum anzusehen. Am besten verabredet man sich mit anderen Hundebesitzern, so daß die Vierbeiner spielen können. Ausgelassenes Spiel ist als Wohltat für Körper und Geist durch keine andere Bewegungsform zu ersetzen.

Handelt der Hund, weil er Angst vor dem Alleinsein hat, muß man ihn **systematisch desensibilisieren** (siehe unter Trennungsangst S. 77).

Ist der Hund erst einmal zu einem eingefleischten **Wilderer** geworden, ist ihm diese »Untugend« oft nur noch sehr schwer abzugewöhnen. Als ersten Schritt muß man dem Hund das Hetzen allgemein verleiden (siehe S. 68ff.). Wenn er in Anwesenheit des Besitzers nicht mehr jagt, kann es sein, daß auch das Ausbrechen aus diesem Grund ausbleibt. Wenn nicht, muß man das Streunen an und für sich bekämpfen. Der Hund muß lernen, den Zaun zu respektieren. Man kann dem Hund auflauern und ihn im Moment des Sprungs oder Durchschlupfens mit dem Werfen einer Rasselkette **bestrafen**. Aber leider läßt sich kaum ein Hund hinters Licht führen. Alternativ kann man innerhalb des Gartenzauns im Abstand von ca. 10 cm einen elektrischen Weidezaun installieren. Dabei gibt es folgende Schwierigkeiten: Zum einen

Der soziale Kontakt zum Kind ist gut, aber auch einen kleinen Hund sollte man mit einem kleinen Kind nicht alleine nach draußen schicken.

arbeitet ein Weidezaun mit Wechselstrom. Kurze Zeitintervalle liegt also kein Strom auf dem Draht. Zudem müßte der Hund geerdet sein, wenn der Zaun bei einem Sprung wirken soll. Bei einem kleinen Hund, der über den Zaun klettern muß, ist ein Draht in Höhe des Zauns ausreichend. Vor allem bei einem Gräber muß in Bodenhöhe ebenfalls ein Weidezaun verlaufen.

Beim Ausbrechen aus einer frustrierenden Atmosphäre hilft nur die Änderung der Umstände durch **vermehrte soziale Kontakte** mit dem »Rudel« des Hundes. Die Anschaffung eines zweiten Hundes als Spielgefährten kann das Problem unter Umständen nur zeitweise lösen.

Es kommt immer wieder vor, daß der erste Hund den Dazugekommenen nach einer gewissen Zeit ebenfalls zum Ausbrechen verleitet. Dann hat man ein doppeltes Problem. Vor allem wenn der erste Hund durch den Beutejagdtrieb motiviert ist, läßt sich der zweite sehr leicht auch zu dieser Instinkthandlung anstecken. Einen Rüden mit übermäßigem Geschlechtstrieb läßt man am besten **kastrieren**. In diesem Fall liegt die Erfolgsrate bei gut 90 %, vor allem wenn der Hund noch nicht zu alt ist. Wenn der Rüde sein volles männliches Gepräge ausbilden soll, dann muß man mindestens bis kurz nach der Geschlechtsreife warten. Sonst bleibt er in Aussehen und Wesen

eher das ewige Kind. Bei einer späteren Kastration verändert er sein Grundwesen nicht und bleibt auch voll arbeitstauglich. Alle Blindenhunde (Rüden und Hündinnen) werden im Alter von etwa 1 Jahr kastriert und diese Hunde leisten viel.

Auch hochläufige Hündinnen neigen zum Entweichen, weshalb hier das gleiche gilt (zu Vor- und Nachteilen einer Kastration siehe S. 53).

Wenn der neue Hund das Ausbrech-Problem auf Grund schlechter Aufzuchtbedingungen schon mitbringt, wird es schwierig.

BEISPIEL Der undefinierbare mittelgroße Mischlingsrüde Sam wurde vollkommen verwahr-

Ein Zaun ist schnell übersprungen.

lost aus Mitleid aus der Türkei mitgebracht. Dort hatte er sich im Laufe von 5 Wochen »seine« Menschen ausgesucht und wurde zunehmend zutraulich. Er kam immer wieder zum Ferienhaus, ließ sich füttern und schließlich sogar streicheln, verschwand aber nach zwei, drei Stunden wieder, ohne daß man herausfinden konnte wohin. Offensichtlich war er herrenlos. Kurz vor der Abreise gab es bei den Kindern viele Tränen wegen Sam. Kurzum, man besorgte sich die erforderlichen Papiere und Sam kam mit nach Deutschland. Er gewöhnte sich in seiner neuen Heimat erstaunlich schnell ein und begann nachts sogar, das Haus zu hüten. Seinen Menschen gegenüber wurde er anschmiegsam und nach einiger Arbeit sogar folgsam, aber alle paar Wochen überkam es ihn. Dann setzte er über den Zaun und streifte scheinbar plan- und ziellos umher. Obwohl gut genährt, bettelte er auch immer wieder Leute an. Mehrere Male wurde er viele Kilometer entfernt aufgegriffen und ins Tierheim gebracht. Alle Maßnahmen brachten nur kurzzeitigen Erfolg. Er ignorierte sogar den Elektrozaun. Mangelnde Prägung läßt sich nicht nachholen!

Die Grenzen zwischen problematischem Verhalten und einer Verhaltensstörung ist oft fließend. Gerade in Fällen von Dominanzaggression bedient sich der Hund ganz natürlicher Verhaltensweisen (Drohen, Angreifen), wenn nicht sein schwaches Herrchen sondern er der Rudelchef ist. Es gibt nur sehr wenige Hunde, die derart dominant sind, daß sie auch für einen erfahrenen Könner in der Haltung und Ausbildung nicht zu handhaben sind. Solche Hunde sind meistens vorher durch brutale Behandlung verdorben worden.

Es gibt aber noch eine ganze Reihe von Verhaltensmerkmalen, die einen Hundebesitzer völlig entnerven können, obwohl sie ganz normale Reaktionen des Hundes auf falsches Verhalten und Ausbildungsmethoden des Hundebesitzers sind.
Nach Erfahrungen aus meiner Hundeschule möchte ich abschließend noch die am häufigsten vorkommenden allgemeinen Fragen und Erziehungsprobleme ansprechen. (Genaue Anweisungen für die Erziehung finden Sie auch in meinem Buch »Hunde richtig halten«, BLV Verlag.)

Der richtige Hund für den richtigen Halter

Es gibt ca. 400 anerkannte Hunderassen mit mehr oder weniger ausgeprägten Charaktereigenschaften. Die meisten Rassen sind aus einem Gebrauchszweck heraus entstanden. Manche werden noch heute überwiegend als Arbeitshunde gehalten, andere haben sich zum Nur-Haus- und Familienhund entwickelt.
Dies ist im Falle reiner Schönheitszuchten in der Regel dem

Enger Familienanschluß macht einen Hund glücklicher.

Wesen des Hundes eher abträglich. Sogenannte Moderassen
rufen immer auch Vermehrer (ich
vermeide den Ausdruck Züchter)
auf den Plan, die auf Kosten der
Hunde nur auf Profit aus sind.
Meine Golden-Retriever-Hündin
Camilla stammt aus solch einer
»Zucht«. Körperlich ist sie bis auf
eine leichte Hüftgelenkdysplasie
(HD) gesund. Sie ist ein lieber
Kinder- und Familienhund, aber
auf Grund ihrer Übererregbarkeit
zu keinerlei Arbeit tauglich.

**Könnten Sie bei solchen Augen die
nötige Konsequenz walten lassen?**

Verhaltensunterschiede zwischen Rüden und Hündinnen

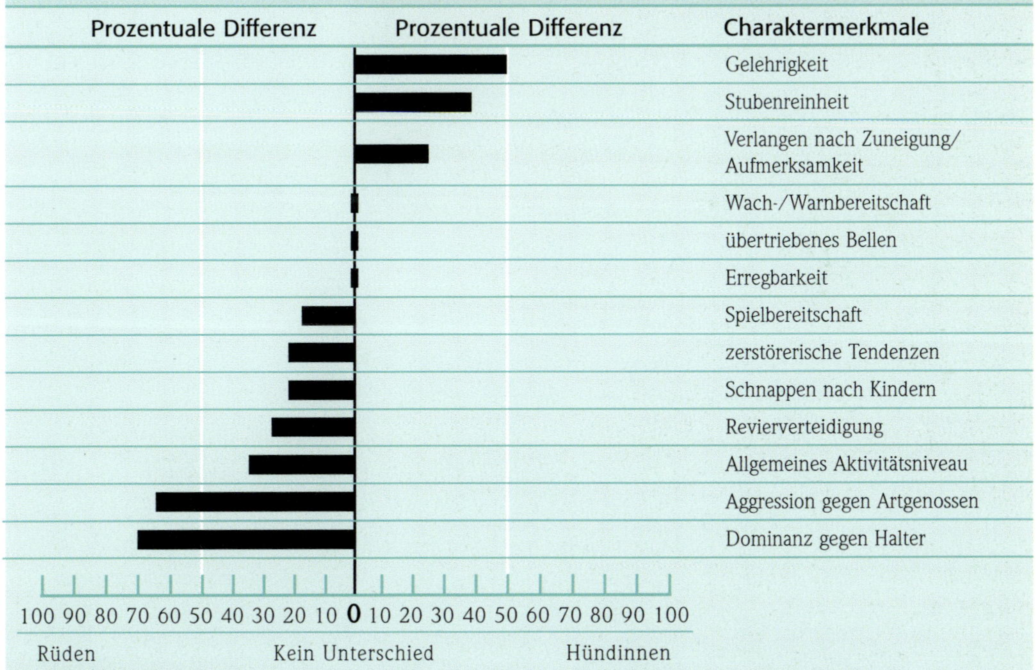

Prozentuale Differenz	Prozentuale Differenz	Charaktermerkmale
		Gelehrigkeit
		Stubenreinheit
		Verlangen nach Zuneigung/ Aufmerksamkeit
		Wach-/Warnbereitschaft
		übertriebenes Bellen
		Erregbarkeit
		Spielbereitschaft
		zerstörerische Tendenzen
		Schnappen nach Kindern
		Revierverteidigung
		Allgemeines Aktivitätsniveau
		Aggression gegen Artgenossen
		Dominanz gegen Halter

100 90 80 70 60 50 40 30 20 10 **0** 10 20 30 40 50 60 70 80 90 100

Rüden
höher
als Hündinnen

Kein Unterschied

Hündinnen
höher
als Rüden

**(aus: I.E.T.-Institut,
nach Hart/Hart, 1991)**

Erwirbt man einen Mischlingswelpen unbekannter Herkunft, hat man in Bezug auf Aussehen und Wesen eine wahre »Wundertüte« im Haus. Welpentests können über das Wesen des erwachsenen Hundes nur annähernd Aufschluß geben. Hände weg von Wolfshybriden! Nach der Geschlechtsreife kommen viele Wildtiereigenschaften zum Tragen, die das Leben als Haushund oft unmöglich machen.

Grundlegende Fragen vor der Anschaffung eines Hundes

Persönliche Voraussetzungen
Besitzen Sie genügend **Kraft und Konsequenz** um sich auch gegen einen starken, selbstbewußten Hund durchzusetzen? Jeder, der mit dem Hund umgehen soll, muß kräftig genug sein, um ihn an der Leine halten zu können. Je besser der Hund erzogen ist, desto weniger physische Kraft wird nötig sein. Aber im Notfall muß man den Hund auch körperlich beherrschen können. Das gilt vor allem, wenn ein Kind mit dem Hund auf die Straße geht.
Haben Sie genügend **Zeit und Energie**, um dem Hund bei jedem Wetter täglich ausgiebig Bewegung zu verschaffen und ihn seiner Rasse gemäß zu beschäftigen? Vor allem die Hüte- und Gebrauchshunde brauchen eine Aufgabe, sonst suchen sie sich oft selbst eine »Beschäftigung« oder sie verkümmern seelisch und entwickeln Neurosen. Viele Jagdhunderassen gehören nur in Kennerhände. Der Deutsch Drahthaar zum Beispiel ist ein Hund mit großer Jagdpassion und ausgeprägter Raubzeugschärfe. Um seine schier unerschöpfliche Energie in sinnvolle Bahnen zu leiten, braucht der Drahthaar sehr viel Auslauf, eine absolut konsequente Erziehung und unbedingt eine sinnvolle Arbeit, nach Möglichkeit seiner Natur gemäß auf der Jagd. Schlitten- und Windhunde sind zum Laufen geboren. Bei pflegeintensiven Hunderassen darf man zum Beispiel die Zeit für das bei Langhaarfell teils täglich nötige Bürsten nicht vergessen. Trimmen oder Scheren ist nicht billig.

Was sagen die Mitmenschen?
Die ganze Familie beziehungsweise alle Mitbewohner müssen mit der Anschaffung des Hundes einverstanden sein.
Wer versorgt und beschäftigt bei Berufstätigkeit den Hund tagsüber? Die Zahl der ungewollt zur Hundebesitzerin und oft auch Ausbilderin gewordenen Hausfrauen ist groß. Manche Überrumpelten sind mit der zusätzlichen Aufgabe überfordert.
Wohin mit dem Hund im Urlaub oder Krankheitsfall?

Stimmt das Umfeld?
Erster Klärungsbedarf: Stimmt der Vermieter der Hundehaltung zu? Auch in Eigentumswohnungen ist keine uneingeschränkte Tierhaltung möglich. Haben Sie genügend Platz in Ihrer Wohnung? Auch ein bewegungs- und arbeitsmäßig gut ausgelasteter Hund benötigt zumindest einen ruhigen und zugfreien Schlafplatz. Wenn alles stimmt, kann man einen großen Hund in einer kleinen Wohnung halten. Man muß aber dann Hundehaare und vermehrte Staubablagerung akzeptieren. Ein Garten ist von Vorteil, aber nicht zwingend – wenn der Hund genügend oft nach draußen kommt! Können Sie den Hund eventuell an den Arbeitsplatz mitnehmen?
Nicht vergessen darf man, daß bestimmte Rassen weniger Akzeptanz bei der Bevölkerung haben. Schäferhunden oder Rottweilern zum Beispiel eilt ein schlechter Ruf voraus. Kritiker können Sie nur durch tadelloses Benehmen Ihres Vierbeiners mundtot machen. Für die Haltung eines sogenannten »Kampfhundes« brauchen Sie in vielen Gemeinden eine Genehmigung und Gutachten. (Die Bestimmungen wechseln ständig, auch was die Einstufung einer Rasse als »Kampfhund« angeht. Informieren Sie sich bei Ihrer Gemeinde oder dem VDH.)

Riesenhunde wie die Deutschen Doggen wecken bei vielen Mitmenschen Angstgefühle. Der Rüde auf dem Foto ist noch nicht ausgewachsenen.

Ein kleiner Hund ist oft pflegeleichter. Die 18-jährige Cairn-Terrier-Mischlingshündin Putzi schafft weite Spaziergänge nicht mehr so schnell.

Folgende Rassen eignen sich für...		
Anfänger	**Erfahrene**	**Spezialisten**
Basset	Airdale Terrier	Afghane
Beagle	Australischer Schäferhund	Akita Inu
Bichon	Berner Sennenhund	Alaska Malamute
Brittany Spaniel	Bobtail	Beauceron
Cairn Terrier	Border Collie	Bernhardiner
Chesapeake Bay Retriever	Bouvier des Flandres	Boxer
Chihuahua	Deutscher Schäferhund	Briard
Cocker Spaniel	Englische Bulldogge	Bull Terrier
Dackel	Foxterrier	Chow-Chow
Dalmatiner	Hovawart	Deutsch Drahthaar
Engl. Springer-Spaniel	Irish Setter	Dobermann
Eurasier	Jack-Russel-Terrier	Dogge

Cairn Terrier sind auch
für Anfänger geeignet.
(Cairn-Mischling)

Für die Haltung eines bewegungs- und beschäftigungs-
hungrigen Border Collies benötigt man einige Kenntnisse.
(Kurzhaar Border Collie)

Folgende Rassen eignen sich für...		
Anfänger	**Erfahrene**	**Spezialisten**
Golden Retriever	Keeshond	Kangal
Labrador Retriever	Kleiner Münsterländer	Kuvasz
Malteser	Lhasa Apso	Malinois
Mops	Neufundländer	Norwegischer Elchhund
Pudel	Pekinese	Riesenschnauzer
Sheltie	Scotch Terrier	Rottweiler
Welsh Corgi	Shi Tzu	Samojede
West Highland White Terrier	Silky Terrier	Sarplaninac
Yorkshire Terrier	Tervueren	Siberian Husky
Zwergschnauzer	Welsh Corgi	Tibet-Dogge
		Vizsla
		Weimaraner

Jagdgebrauchshunde wie der Deutsch Drahthaar gehören in Kennerhände.

Neben angeborenen Charakter-dispositionen darf man die Rolle der sozialen Umwelt eines Hundes nicht unterschätzen. Ein verständiger und kundiger Halter stellt sich auf die Eigenarten seines Hundes ein. Solange die Grundbedürfnisse des Tieres beachtet werden (Nahrung, Bewegung und Beschäftigung), kann man auch einen großen Hund in einer Zweizimmerwohnung halten. Je mehr Zeit und Willen zum Lernen man hat, desto eher kann man das Wagnis eingehen, eine Hunderasse mit schwierigen Charaktervoraussetzungen zu wählen. Im allgemeinen sollte dies aber dem Erfahrenen überlassen werden. Ein nachgiebiger und weicher Mensch, der nicht gerne mit aggressivem Verhalten konfrontiert wird, wird in der Regel mit einem Vertreter einer Hirtenhundrasse nicht glücklich werden. Dieses um so mehr, je näher die Linie des Hundes noch Arbeitszuchten steht (zu den besonderen Wesenseigenheiten der Hirtenhunderassen siehe S. 61f.). Wenn Zeit, Lust und Kenntnisse fehlen, einen Hund rassegemäß zu beschäftigen (nicht nur zu bewegen), können sich vor allem bei den lebhafteren Exemplaren leicht aus reiner Langeweile Untugenden einschleichen, die sich bis zum echten Problemverhalten steigern können.

Die meisten Hunde sind physisch unterfordert und psychisch überfordert. Und dies nicht durch übermäßige Arbeitsbelastung,

sondern durch die Dauerfrustration auf Grund nicht artgemäßer Haltung. Wahre Tierliebe beachtet die natürlichen Bedürfnisse des Vierbeiners. Ein gesicherter Platz im »Rudel« als hierarchischem Modell vermittelt dem Hund Sicherheit und Geborgenheit. Einem (nach hundlichen Maßstäben!) gerechten Führer, der mit liebevoller Konsequenz das »Rudel« führt, ordnet sich der Hund gerne unter. Wenn dies gelungen ist, folgt der Hund freudig und ohne Zwang. Eine wahre Affenliebe zum Hund hat genauso schädliche Auswirkungen wie brutale Unterdrückung.

Ein interessanter Aspekt der Mensch-Hund-Beziehung ist die Korrelation zwischen den bewußten und unbewußten Verhaltensweisen und Einstellungen des Menschen und dem Verhalten des Hundes. In meiner Praxis bin ich immer wieder auf das Problem gestoßen, daß ein Fehlverhalten vom Halter meist unbewußt unterstützt oder zumindest nur halbherzig verhindert wurde. Es gibt auch Theorien, nach denen an Hunden die nicht ausgelebten Charaktereigenschaften ihrer Besitzer zu erkennen sind. Ich kenne einen Fall, bei dem sich eine Aggressionshemmung des Menschen als aggressives Verhalten seiner Hunde widerzuspiegeln scheint. Bei einem Hund könnte man noch von Zufall sprechen. Aber wenn mehrere Hunde völlig verschiedener Rassen unabhängig voneinander bissig sind,

könnte das schon zu denken geben. Spiegelt das Hundeverhalten die Psyche des Besitzers wider? Man muß sicherlich mit Wertungen äußerst vorsichtig sein, aber meine rein subjektive Meinung zieht solche Verbindungen zumindest in Betracht. Der Hund als zweites »Ich« des Menschen. Es ist zumindest amüsant darüber nachzudenken.

Die Tricks der Hunde

Wenn sich ein gesunder Hund gegen alle Anweisungen seines Besitzers aktiv oder passiv streubt, ist bei der Erziehung etwas Grundlegendes schief gegangen. Entweder war der Besitzer zu brutal und hat dadurch den Hund vollkommen verunsichert, oder es ist, wie in den meisten Fällen, das Dominanzverhältnis zugunsten des Hundes verschoben. Fast genauso schlimm ist ein launischer Besitzer, der ein bestimmtes Verhalten einmal duldet und das andere Mal streng bestraft. Auch das verwirrt den Hund maßlos und kann echtes Fehlverhalten hervorrufen.

BEISPIEL Die Labrador-Hündin Susi durfte einmal auf der Couch liegen und im nächsten Moment wurde sie für den gleichen Tatbestand geschlagen. Susi »rächte« sich (sie war verunsichert und frustriert), indem sie eines Tages ein großes Loch in die Couch riß.

Manchmal ist der Hund auch nur in einem Teilbereich unfolgsam. Oft fallen die Besitzer dabei auf weitverbreitete Tricks der Hunde herein, die diese geschickt anwenden, um sich einen Vorteil zu verschaffen.

Die »Tricks« der Hunde

➤ unterwürfige (submissive) Dominanz
➤ das Erzwingen von Aufmerksamkeit
➤ auch Tadeln wird als Zuwendung betrachtet
➤ schnelle Gewöhnung an starke Reize (laute Stimme, Stachelhalsband usw.)
➤ rücksichtslose Ausnutzung der Schwächen des Halters
➤ Wird ein gewohntes Verhalten vom Besitzer plötzlich nicht mehr verstärkt, stellt der Hund zunächst doppelte Anstrengungen an.

Unterwürfige (submissive)

Dominanz ist bei allen Hunden ein sehr beliebtes Mittel, um sich letztlich doch noch durchzusetzen.

BEISPIEL Mischlingshündin Sitesi verstand es meisterhaft, sich dem »Platz«-Befehl charmant zu widersetzen. Bittend hob sie die Pfote und setzte eine Leidensmiene auf. Automatisch griff die Besitzerin nach der Pfote. Erst dann versuchte sie noch einmal, das »Platz«-Kommando durchzusetzen. Der Hund hatte also zunächst einmal Erfolg mit seinem

Filmhund Nouni hat herausbekommen, daß die meisten Menschen ihr Männchen-Machen unwiderstehlich finden.

Ablenkungsmanöver. Erst als ich die Besitzerin auf den Sinn von Sitesis Handlungen aufmerksam machte, ignorierte sie das Pfötchen-Geben vollkommen und wirkte statt dessen ein. Sehr bald hatte die intelligente Hündin die Nutzlosigkeit ihrer Ablenkungsversuche begriffen und die Pfote nicht mehr gegeben. In der Folge führte sie das Hörzeichen für »Platz« immer schneller aus.

Es gibt vierbeinige Kameraden, die auch ihrem Halter gegenüber mit Signalen offener Zuwendung eher reserviert umgehen. Die meisten Hunde aber sonnen sich in der Liebe ihrer Besitzer. Wenn man diesen Exemplaren keine Schranken setzt, können sie schnell lästig werden und **Aufmerksamkeit regelrecht erzwingen**. Ganz normale Verhaltensweisen sind das Anstupsen mit dem Maul oder der Pfote, Abschlecken, kurze Lautäußerungen und vor allem das ständige aufdringliche Begleiten. Wenn das alles nicht zum Erfolg führt, greifen Hunde mitunter auch zu drastischeren Mitteln: Dazu gehören alle Handlungen aus Eifersucht, die bis zum Beißen des störenden »Objektes« gehen können.

BEISPIEL Eine Hausfrau verhätschelte ihren Malteser Sissy den ganzen Tag. Sissy genoß die ungeteilte Aufmerksamkeit. Wenn abends der Ehemann nach Hause kam, ertug Sissy nicht, daß sich die Frau mehr diesem zuwendete. Sie reagierte auf die Zurücksetzung mit wütenden Attacken auf den Mann. (Die Frau mußte ihre Dominanz gegenüber Sissy verstärken und ihre Liebesbeweise tagsüber deutlich einschränken, vor allem wenn sie vom Hund selbst aufgefordert wurde.)

BEISPIEL Manche Hunde entwickeln stereotypische Bewegungen, um sich bemerkbar zu machen. Als das Baby da war, fing Dackel Bubi an, solange nach nicht vorhandenen Fliegen zu schnappen, bis man sich um ihn kümmerte.

BEISPIEL Riesenschnauzer Alf hinkte jedesmal genau in dem Moment erbärmlich, in dem sich die Besitzerin während eines Spazierganges mit anderen Leuten unterhalten wollte. Selbstverständlich waren hier keine organischen Ursachen zu finden. Wenn man das Verhalten beharrlich ignoriert, wird es irgendwann einmal aussterben.

BEISPIEL Auch Futterverweigerung kann eine Protesthandlung sein. Bracken-Mischling Dax fühlte sich zurückgesetzt. Bald hatte er heraus, daß er nur sein Futter stehen lassen mußte. Sofort kümmerte man sich um ihn. Einem ausgewachsenen, gesunden Hund schaden ein, zwei Hungertage überhaupt nichts! (Das Futter wird jeden Tag frisch zubereitet angeboten. Nach einer Viertelstunde wird die Schüssel kommentarlos entfernt – unabhängig ob und wieviel der Hund gefressen hat.) Bei Welpen läßt man nur eine Mahlzeit ausfallen.

BEISPIEL Schwere Geschütze hatte Zwergpudel-Rüde Bingo aufgefahren. Auch er war es gewohnt, immer im Mittelpunkt des Familiengeschehens zu stehen. Seine Wünsche setzte er notfalls mit Knurren und Schnappen durch. Wenn Besuch kam, bellte er wie wahnsinnig. Neben der Anwendung der üblichen Verfahrensweisen zur Stärkung der menschlichen Dominanz (siehe S. 48) durften die Besitzer auf vom Hund initiierte Kontaktversuche nicht mehr eingehen. Gestreichelt und gelobt wurde nur noch für ruhiges Verhalten und nur, wenn es die Menschen wollten. Es ergab sich folgende Situation: Ich besuchte das Ehepaar und der Hund bellte wie üblich. Ich hatte vorher die strikte Anweisung erteilt, den Hund nicht zu beachten, ganz egal was er auch anstellen mag. Nach einer gewissen Zeit gab Bingo das Bellen auf und gähnte (Übersprungshandlung). Wir beobachteten ihn aus den Augenwinkeln. Er lief scheinbar ratlos unruhig im Zimmer herum, bis ihm schließlich die »Erleuchtung« kam. Stracks ging er zum Lieblingssessel seines Herrn und hob das Bein daran. Es gelang den Besitzern ihren Zorn zurückzuhalten. Da setzte Bingo dem Ganzen die Krone auf und machte mitten im Zimmer einen Haufen. Als auch das keine Reaktion hervorrief, gab er resignierend auf und rollte sich brav in seinem Korb zusammen.

Ein weitgehend unbekanntes Phänomen ist, daß Hunde **Tadel oder sogar Strafe als Zuwendung** interpretieren können, wenn dies eine Reaktion auf Aufmerksamkeit erheischendes Verhalten des Hundes ist.

Der Hund, der alleine gelassen wird, bellt, um seinen Besitzer zurückzurufen. Wenn ihm dies gelingt, nimmt er auch gerne einen Rüffler in Kauf. Sie sollten es sich zur Regel machen, den Hund nur durch Zurückkommen zu bestätigen, wenn er still ist, und dann kräftig zu loben.

Hunde sind Gewohnheitstiere. Besonders die hartgesotten Exemplare lassen sich nach einer mehr oder weniger kurzen Zeit von einer gleichbleibenden, auch **starken Einwirkung nicht mehr beeindrucken**.

Wer immer sehr laut mit seinem Hund spricht, darf sich nicht wundern, wenn der vierbeinige Gefährte ein Brüllen ignoriert. Hunde haben ein ausgezeichnetes Gehör. Je leiser und ruhiger man im allgemeinen Umgang mit ihnen spricht, desto mehr »Reserven« in der Lautstärke und Schärfe der Stimme hat man im Notfall.

Legt man einem Hund, der ständig an der Leine zieht, ein Stachelhalsband an ohne sonstige Erziehungsmaßnahmen zu treffen, wird man früher oder später feststellen, daß der Hund gefühllos gegenüber den Straf-Schmerz geworden ist, und das alte Problem wieder auftritt.

Hunde als äußerst soziale Wesen sind auf Verständigung mit ihren Rudelmitgliedern angewiesen. Besonders aufschlußreiche Beobachtungen darüber hat die bekannte Verhaltensforscherin Frau Feddersen-Petersen angestellt. Es zeigt sich immer mehr, daß Caniden (hundeartige Raubtiere) sehr viel feiner kommunizieren, als bislang angenommen. Der Haushund beobachtet die Menschen in seiner Umgebung sehr genau. Sie können sicher sein, daß ihr Hund viele Gewohnheiten an Ihnen bemerkt hat, von denen Sie selbst gar nichts wissen. So wird Ihr Verhalten für ihn oft vorhersagbar. Zum anderen lernt er natürlich auch **Ihre Schwächen** sehr schnell kennen und nutzt sie erbarmungslos aus. Vor allem in Bezug auf Ausdauer und Konsequenz weiß er schnell Ihre Grenzen richtig einzuschätzen.

Diese Grenzen testet er auch aus, wenn Sie ein Aufmerksamkeit erregendes Verhalten des Hundes ignorieren. Er wird dann für eine ganze Weile **seine Bemühungen verstärken**, bevor das unerwünschte Verhalten langsam ausstirbt (siehe auch S. 18).

Manche Hunde geben auch Pfötchen, um sich durchzusetzen.

Häufige Erziehungsprobleme

➤ Stubenreinheit

In der Regel sind es Welpen, die lernen müssen, daß das ganze Haus zum »Lagerbereich«, der nicht verschmutzt wird, gehört. Bis der junge Hund begriffen hat, wie groß sein Heim ist, schränkt man die Bewegungsfreiheit von unbeobachteten Welpen am besten ein. Vor allem nach dem Fressen, Spielen oder Schlafen müssen sich Welpen in der Regel entleeren. Ein kleines Gittergehege im Haus tut sehr gute Dienste. (Elemente speziell für die Welpenaufzucht gibt es zu kaufen.) Auch eine genügend große Flugbox ist geeignet. Anbinden ist meiner Meinung nach nicht ratsam. Alles andere als eine leichte Kette liefe große Gefahr, durchgebissen zu werden, und der kleine Hund kann sich leicht verwickeln. Geben Sie dem Welpen nicht zuviel Spielraum in seinem »Nest«, sonst erreichen Sie nichts.

Am Anfang sollte man den Welpen zum Lösen draußen immer an die gleiche Stelle bringen. Man läßt ihn nicht laufen, sondern trägt ihn aus dem Haus zu seinem Platz. Sonst geschieht »es« mit hoher Wahrscheinlichkeit unterwegs. Wächst der Hund heran, so erweitert man ganz allmählich seinen Aktionsradius im Haus. Bemerkt man ein »Unglück« erst später, ist es sinnlos, den Hund nachträglich zu bestrafen. Schon gar nicht darf man ihm die empfindliche Nase in die Hinterlassenschaft drücken. Am besten man entfernt alles wortlos und paßt zukünftig besser auf den Welpen auf. Die meisten Hunde lernen mit der Zeit von alleine, sich zu melden, wenn sie hinaus müssen.

Eine amüsante Situation ergab sich bei meinen beiden Schäferhunden Norbo und Mücke. Mücke kam mit 16 Monaten zu mir. Sie war ein reiner Zwingerhund gewesen und nicht stubenrein. Das Problem konnte innerhalb kürzester Zeit gelöst werden. Aber sie lernte es nie, sich in Notfällen direkt an mich zu wenden. Sie saß nur stark hechelnd vor der Türe. Vor allem nachts bemerkte ich das nicht immer. Eines Nachts kam ihr Gefährte Norbo an mein Bett und weckte mich. Ich dachte zuerst, daß er hinaus muß. Dann sah ich Mücke vor der Türe sitzen. Sobald Norbo sicher war, daß ich Mückes Notsituation begriffen hatte, verschwand er wieder in seiner »Hütte« (einer offenen Flugbox). Dies wiederholte sich 10 Jahre lang. Ein außergewöhnliches Beispiel von Einfühlungsvermögen, vorausschauendem Denken und richtiger Schlußfolgerung (also auch Bewußtsein?) beim Hund.

➤ An der Leine ziehen

Es kommt der Tag, an dem wir unseren Wicht das erste Mal an die Leine nehmen. Vielleicht nimmt er diese Freiheitsbeschränkung gelassen hin, vielleicht wehrt er sich aber auch. Es hat keinen Sinn und verursacht nur Angst, den Welpen hinter sich her zu schleifen. Ein bißchen Geduld und Überredungskunst sind angesagt. Bald wird der Hund die Leine akzeptieren.

Oft geht er dann in das andere Extrem über. Er legt sich in die Riemen und zieht. Für den Hund bedeutet es die Erfüllung seiner Wünsche, wenn er seine Umwelt möglichst genau untersuchen kann. Er ist voll Taten- und Bewegungsdrang. Zerrt er seinen Menschen an der Leine umher, erreicht er sein Ziel um so schneller. Das Verhalten belohnt sich also gewissermaßen selbst. Dies gilt auch für den erwachsenen Hund. Es ist eine Frage der Rangstellung, wer bestimmt, wohin man in welchem Tempo geht. Eine Roll-Leine (Flexi) verlagert das Problem nur. Der Hund zieht an einer 5 m langen Leine genauso wie an einer 1 m langen. Bei Welpen zum ersten Eingewöhnen und sehr alten Hunden kann die Flexi nützlich sein. Ein schärferes Halsband wirkt nur vorübergehend. Hunde gewöhnen sich selbst an ein Stachelhalsband schnell. Was kann man also tun?

Der oft empfohlene Ruck am Halsband zeigt meist wenig Erfolg. Besser ist es schon, wenn man sich gleichzeitig mit dem Ruck (also einer unangenehmen

An der Leine ziehen ist eine weit verbreitete Unart. Versucht sich der Hund nach hinten zu entziehen, hilft ein kurzer Gegenruck nach vorne.

Das Anspringen von Menschen ist eine für den Hund natürliche Art der Kontaktaufnahme. (Irish Setter)

Einwirkung) in die entgegengesetzte Richtung abwendet und so das Schema »Ziehen bedeutet mein Ziel erreichen« des Hundes unterbricht.

Viel Geduld fordert die Methode, dem Hund solange er zerrt nicht nachzugeben und solange stehen zu bleiben, bis die Leine locker ist. Wenn man das von Welpenalter an konsequent durchführt, wird der Hund nie zum »Puller«. Der Umgang mit dem Halti will gelernt sein. Das Halti kann bei der rein körperlichen Beherrschung von kräftigen Hunden hilfreich sein. Falsch angewendet endet der erste Versuch meist schon mit einem Ringkampf, und der Hund entzieht sich der Wirkung des Halti nach hinten. (Zu Hilfsmitteln wie Halti und Gentle-Dog siehe S. 28)

➤ Menschen anspringen

Hunde springen sich untereinander aus zwei Gründen an. Zum einen als Drohgebärde und im Kampf. Zum anderen richten sich schon ganz kleine Welpen an der Mutter auf, um durch Stoßen und Lecken an ihren Mundwinkeln Futter zu betteln. Bald gehört das Verhalten zum Begrüßungsritual und ist eine Demutsbezeugung gegenüber ranghöheren Tieren. Nicht umsonst trachten die meisten Hunde danach, den Menschen im Gesicht abzulecken. Bei den meisten Hunden ist das Anspringen eine freundschaftliche Geste, die viele Menschen beim Welpen noch niedlich finden und akzeptieren. Solange der Hund durch Streicheln und Aufmerksamkeit belohnt wird, wird das Verhalten bestärkt. Sinnvoll ist es dagegen, sich zur Begrüßung zum Welpen hinunterzubeugen und gleichzeitig das Anspringen streng zu verwehren.

Die Ratschläge, den Hund im Moment des Springens auf das hochgezogene Knie auflaufen zu lassen oder ihn auf die Hinterpfoten zu treten, sind leichter erteilt als durchgeführt. In der Regel geht alles so blitzschnell, daß der Angesprungene nicht schnell genug reagieren kann. Man kann am besten handeln, wenn man auf die Situation vorbereitet ist, sich hinkniet und/oder den Hund beim ersten Ansatz »Platz« gehen oder sich setzen läßt. Erst dann wird er begrüßt und gelobt.

Bei einem hartnäckigen Philanthrop, der jeden Menschen anspringt, den er trifft, muß man am Anfang ständig auf der Hut sein, den Hund an die lange Leine nehmen oder mit einer Wurfkette in dem Moment einwirken, in dem der Hund startet.

Bei überharten Einwirkungen von Seiten eines angesprungenen Helfers riskiert man, daß der Hund anderen Menschen gegenüber ängstlich und mißtrauisch oder sogar aggressiv wird. Am besten verknüpft der Hund eine Einwirkung mit dem Sprung und nicht mit dem Halter oder Helfer (zum Beispiel ohne Worte angewandte Wurfkette).

➤ **»Sitz« und »Platz«**

Dies sind fundamentale Hörzeichen, die neben dem »Hier« jeder Hund befolgen sollte. Das »Sitz« kann man schon dem Welpen leicht beibringen, indem man ihm einen Futterbrocken

Ein junger Schäferhund lernt das »Sitz«.

oder ein Spielzeug über die Nase hält. Der Kleine wird sich automatisch setzen, in dem Moment geben wir das Kommando »Sitz«. Für das »Platz« geht man mit der Hand auf den Boden und drückt den Kleinen eventuell sanft am Widerrist herunter. Wenn man die Hand unter einen Stuhl oder ähnliches legt, muß sich der Hund hinlegen, wenn er den Leckerbissen erreichen will. Diese Hilfe kann auch beim erwachsenen Hund angewendet werden. Die körperlichen Einwir-

kungen sind beim »Sitz« ein Niederdrücken der Kruppe und beim »Platz« der Leinenruck nach unten, eventuell verbunden mit einem sanften Niederdrücken am Widerrist. Je weniger man körperlich einwirken muß, desto besser. Auf keinen Fall sollte das Üben (zwei bis dreimal täglich, je ca. 5–10 Minuten) zu einem Ringkampf ausarten.

Schäferhund-Collie-Mischling Pascha hatte sich vom Welpenalter an dem »Platz«-Legen widersetzt. Sein

Frauchen versuchte, sich energisch durchzusetzen, aber Kraftakte riefen nur noch heftigeren Widerstand hervor. Der Rüde wurde geradezu hysterisch. Bei diesem zweijährigem Hund wirkte die passive Methode Wunder: Er bekam sein Lieblingsspielzeug, einen Ball, nur, wenn er meiner Hand unter einen Stuhl folgte. Ohne jeglichen Zwang, nur mit ruhigem guten Zureden und Belohnung gelang es, Pascha innerhalb von nur 2 Trainingssitzungen ohne Stuhl nur mit Hilfe des tief gehaltenen Balles auf Kommando »Platz« hinzulegen. Kein einziges Mal habe ich den berührungsscheuen Hund angefaßt. Anfangs durfte Pascha (auf Kommando !) sofort wieder aufstehen und mit dem Ball spielen. Dann wurde die Liegeperiode immer länger, und die Hand mit dem Ball hielt ich höher.

➤ Nicht Herankommen auf Ruf

Die häufigste Klage, die ich zu hören bekomme, ist, daß der Hund ohne Leine tut was er will und vor allem bei Ablenkung auf Rufen nicht kommt. Der Welpe ist noch ängstlich darauf bedacht, seinen Führer nicht zu verlieren. Bis zum Alter von ca. 4 Monaten kann man ihn auf sicherem Gelände unbesorgt frei laufen lassen. Er wird sich nicht allzuweit entfernen.
Die goldene Regel (nicht nur für Welpen): Wenn man den Hund ruft, dann bewegt man sich

Übt man das Herankommen auf Ruf, kann man am Anfang die Leine schleifen lassen. Der Hund hat so weniger das Gefühl der Freiheit, obwohl der Führer auch weiter weg sein kann.

gleichzeitig schnell von ihm weg oder geht zumindest in die Knie (was für den Welpen optisch wie ein sich Entfernen aussieht). Nie lasse man sich dazu verleiten, dem Hund nachzulaufen. Das wird nur zum fröhlichen Fang-mich-doch-Spiel für den Hund, das der Mensch nicht gewinnen kann.
Solange sich der Hund im Einwirkungsbereich seines Führers befindet, ist eine Einwirkung relativ leicht. Ein zielsicher plaziertes Wurfgeschoß wirkt Wunder.

Bei weichen Hunden wirft man neben den Ausreißer, harte Hunde kann man ruhig am Körper (niemals am Kopf) treffen. Für den Hund bedeutet das die Erfahrung, daß Herrchen einen unerwartet langen Arm hat.
Die Arbeit an der 10-m-Leine ist mühsam und erfordert einige Übung. Soll der Hund nicht sehr schnell herausfinden, wann er angeleint ist und wann nicht, muß man das Prinzip der sich langsam verkürzenden Leine anwenden.

Dabei läßt man die ganzen zehn Meter zunächst hinter dem Hund herschleifen, um die Leine dann Stück für Stück zu verkürzen. Zwischendurch muß man sie aber immer wieder einmal in die Hand nehmen und im richtigen Moment benutzen. Zum Schluß hängt nur noch ein kleines Stück Schnur mit dem Karabiner am Halsband.

Welche Methode man auch immer anwendet, niemals darf der Hund die Möglichkeit erhalten, unser Heranrufen zu mißachten. Wenn man keine Möglichkeit hat, auf den Hund einzuwirken, ist es sinnvoller den Ärger hinunterzuschlucken und überhaupt nicht zu rufen. Das gilt vor allem auch, wenn der Hund nach langer Zeit endlich von selbst bei uns vorbeischaut. (Zum Problem »Beute hetzen« siehe S. 68ff.)

Viele Hunde klauen auch vom Tisch. (Deutsche Schäferhunde)

➤ Stehlen

Die Nahrungsaufnahme ist für den Hund ein fundamentales Bedürfnis. Selbst sonst äußerst folgsame, weiche und unterwürfige Hausgenossen entwickeln sich unter Umständen zu Meisterdieben, wenn sie oft genug Erfolg mit ihren Klau-Aktionen hatten.

Den großen Mischling Wotan haben wir im Alter von ca. 1 1/2 Jahren als Findling aufgenommen. Er klaute von Anfang an wie ein Rabe. Einmal erwischte ich ihn sogar mit allen vier Pfoten auf dem Herd stehend. Er brachte es fertig eine

Einkaufstüte voll Wurst, die auf der Anrichte lag, so zu leeren, daß man auf den ersten Blick nichts bemerkte.

Bei der Welpenaufzucht gilt die Regel, nichts Fressbares in Reichweite des Kleinen herumliegen zu lassen, solange man den Vierbeiner nicht im Auge hat. Dann muß man in dem Moment eingreifen, in dem sich der Hund bedienen will. Man kann das Objekt der Begierde auch mit scharfem Pfeffer oder einer Mausefalle präparieren (siehe dazu S. 83 und S. 93ff.). Wotan störte sich am Geschmack von Tabasco-Soße leider nicht. Teilerfolge brachte die Mausefallen-Strategie.

➤ Nicht durch die Türe stürmen

Im Rudel hat der Chef das Recht des Vortritts. Vor allem dominante

Hunde nehmen sich dieses Recht auch gegenüber ihren Besitzern heraus und drängen sich bei jeder Gelegenheit an Herrchen vorbei. Durch Schimpfen oder Zurückhalten am Halsband lassen sie sich wenig bis gar nicht beeindrucken.

Um schnelle Abhilfe zu schaffen, gibt es ein sehr gutes Mittel: In dem Moment, in dem der Hund durchzubrechen versucht, schließt man die Türe und klemmt ihn wortlos leicht ein. Dann öffnet man die Türe sofort wieder. Hat es gewirkt, bleibt der Hund jetzt zurück und wartet auf unsere Erlaubnis. Wenn nicht, dann wiederholen wir die Prozedur sofort wieder etwas stärker, bis der Hund begriffen hat, daß es unangenehm ist, sich an Herrchen vorbeidrängen zu wollen. Dies stärkt auch allgemein unsere

Dominanzstellung gegenüber dem Hund (siehe S. 48).

Aus dem Auto darf der Hund nie gleichzeitig mit dem Türeöffnen herausspringen. Dies kann bei dem heutigen Verkehr gefährlich für ihn und andere werden. Man wendet bei Autotüren und Heckklappen das gleiche Verfahren wie oben an, läßt den Hund kurz warten und entläßt ihn erst dann nach draußen.

➤ Leine beißen und das »Aus«

Welpen erkunden vor allem während der Zahnungszeit (ab dem 5. Monat) ihre Welt auch gerne mit den Zähnen. Ist der Welpe mit einer Leder- oder Gurtleine angebunden, dann kann aus der spielerischen Beschäftigung mit der Leine leicht die Erfahrung werden, daß man sich durch Zerbeißen derselben befreien kann. Um dem vorzubeugen, binde ich einen Welpen und Junghund wenn nötig ausschließlich mit einer leichten Kette an. Je nach Hund verwende ich diese bis zu einem Alter von ungefähr 1 Jahr.

Drahthaar Olex versuchte Verlassenheitsängste allgemein gerne durch »Maul-Tätigkeiten« (Bellen, Heulen, Zerbeißen) abzubauen. Als ich ihn mit 14 Monaten übernahm, war er schon ein routinierter Leinenschneider. Diesen äußerst intelligenten Hund werde ich wahrscheinlich sein Leben lang nur an einer Kette anbinden können.

Um der Gewohnheit des Leinendurchbeißens vorzubeugen...

...empfiehlt es sich, den Welpen und Junghund nur an einer leichten Kette anzuhängen. (6 Monate alter Mischling)

Die »Aus«-Übung kann für den Hund lebensrettend sein, wenn er etwas von zweifelhafter Herkunft oder erkannt Schädliches aufgenommen hat. Von Klein auf sollte man dem Welpen immer mal wieder Spielzeug oder Futter mit dem Hörzeichen »Aus« aus dem Fang nehmen, nur um es ihm sofort wieder zu geben. So muß der Hund nicht generell um seine Beute fürchten und wird viel weniger zum Verteidigen verleitet. Vor allem mit seiner Futterschüssel sollte man es nicht übertreiben. Ein, höchstens zwei Übungen pro Fütterung sollten ausreichen. Wehrt sich der Hund beharrlich, den Fang zu öffnen, kann man ihm leicht die Lefzen gegen die Zähne drücken.

Es gibt Hunde, die dann erst recht zumachen. Bei ihnen kann ein sogenannter »Beuteaustausch« zwanglos helfen. Der Hund übergibt uns das, was er im Maul hat und erhält dafür ein begehrtes Ersatzobjekt (Spielzeug, leckerer Futterhappen).

Wenn die Schwierigkeiten mit dem Hund überhand nehmen und man trotz aller Mühe keine Besserung des Verhaltens erzielen kann, empfiehlt es sich, einen Spezialisten zu Rate zu ziehen. Es hat durchaus nichts Ehrenrühriges an sich, wenn man zugibt Hilfe zu brauchen. Oft ist man selbst so in das Geschehen involviert, daß einem der Abstand fehlt, um den Fehler zu erkennen. Auch mir selbst hilft in schwierigen Fällen das Gespräch mit Kollegen immer weiter. Wenn es sich um einfache Erziehungsschwierigkeiten handelt, sollte man eine gute Hundeschule aufsuchen und dort Gruppen- oder Einzelunterricht nehmen. Bei echten Verhaltensproblemen kann oft nur der Tierpsychologe beziehungsweise der Tierarzt mit tierpsychologischer Weiterbildung helfen.

Es ist allerdings gar nicht so leicht, einen guten Mann/eine gute Frau zu finden. In Deutschland gibt es im Gegensatz zur Schweiz (V.I.E.T.A.) keine Berufsverbände und auf dem wachsenden »Markt« tummeln sich viele selbsternannte »Spezialisten«, die ohne ausreichende Ausbildung und Erfahrung den Leuten das Geld aus der Tasche ziehen.

Die Mitglieder von V.I.E.T.A., dem größten europäischen Berufsverband, und andere gut ausgebildeten Berater können bei der Behandlung von Hunden und Katzen eine Erfolgsrate von 75–80 % aufweisen, wenn ihre Anweisungen von den Besitzern genau befolgt werden. Eine Erfolgsgarantie kann freilich nicht gegeben werden.
In der Regel hat man zunächst die Möglichkeit, sich telefonisch beraten zu lassen. Ein solches Erstgespräch dauert meist etwa 20 Minuten. Dann können Halter und Therapeut gemeinsam entscheiden, wie man weiter vor-

geht. Bei Hunden wird meist ein persönlicher Termin nötig werden, der am besten in der Umgebung stattfindet, in der der Hund das Problemverhalten zeigt. Sind durch Gespräche und genaue Beobachtungen auch von Seiten des Halters die Ursachen des Fehlverhaltens erkannt, kann ein Behandlungsplan entworfen werden. Je nach Vereinbarung wird der Therapeut mehr oder weniger oft die Sitzungen persönlich leiten beziehungsweise ihre Durchführung überwachen, damit sich keine Fehler einschleichen. Die Mitglieder von V.I.E.T.A. rechnen nach einer festen Gebührenordnung ab: Für ein telefonisches Erstgespräch muß man je nach Dauer ohne Telefongebühren mit ca. 50,– DM rechnen, die Stunde vor Ort kostet mindestens 100,– DM zuzüglich Anfahrtskilometer und -zeit. Eine ausführliche schriftliche Beratung kostet ca. 150,– DM)

Der Hund ist ein Mitgeschöpf auf dieser Welt. Seine enge Bindung an den Menschen kann dieser gebrauchen, er darf sie aber nicht mißbrauchen.

Jeder Mensch trägt die Verantwortung für das ihm anvertraute Tier. Oft ist es nicht einmal böse Absicht, sondern fehlendes Wissen, das zu unnötigen Mißverständnissen führt.

Zu 90 % ist der Mensch die Ursache für ein »Fehlverhalten« des Hundes. Ich hoffe, dieses kleine Buch hat zum besseren Verständnis von Mensch und Hund beigetragen.

Wenn ich dadurch auch noch geholfen habe, das Ansehen unserer Hunde in der Öffentlichkeit zu verbessern und mindestens einen Hundefeind durch das gesittete Benehmen eines Vierbeiners zu beeindrucken, dann hat das Buch seinen Zweck voll erfüllt.

Letztlich liegt es in der Entscheidung des Menschen, wieviel »Untugenden« er seinem Tier zugestehen will. Ich meine, das richtige Maß ist die Umweltverträglichkeit. Aber nicht Perfektionismus, sondern Menschlichkeit sollte den Ton angeben. Wer kann schon von sich behaupten, dem Idealbild des Menschen zu entsprechen. Sind wir froh, daß unsere Hunde keine genormten Automaten sondern lebendige Individuen sind, mit allen kleinen Unzulänglichkeiten und liebenswerten Macken.

Das Forscherteam Ben und Lynette Hart hat sich in einer ausführlichen Studie mit den Charaktereigenschaften verschiedener Hunderassen beschäftigt. Sie haben die Eigenschaften in Ausprägung und Stärke mit dem Durchschnittsverhalten verglichen und in drei Faktorengruppen zusammengefaßt:

Temperament (Reaktivität)	Erziehbarkeit	Aggressivität
Erregbarkeit	Allgemeine Erziehbarkeit	Verteidigung des Territoriums
Zuwendungsbedürfnis	Stubenreinheit	Wachsamkeit
Kläffen		Aggression gegenüber Hunden
Schnappen nach Kindern		Dominanz über den Besitzer
Allgemeine Aktivität		

(aus: Hart/Hart, Verhaltenstherapie bei Hund und Katze, 1991)

Aus den gewonnen Daten ergaben sich folgende Verhaltensprofile von Hunderassen:

Rasse	Temperament			Erziehbarkeit			Aggressivität		
	gering	mittel	hoch	gering	mittel	hoch	gering	mittel	hoch
Afghane	■				■				■
Akita Inu	■				■				■
Airdale Terrier		■			■				■
Alaska Malamute		■		■					■
Austral. Schäferhund		■				■	■		
Basset	■			■				■	
Beagle			■		■			■	
Bernhardiner	■			■					■
Bichon			■			■		■	
Bloodhound	■			■					■
Bobtail	■			■				■	
Boston Terrier			■	■				■	
Boxer	■			■					■
Brittany Spaniel	■				■			■	
Cairn Terrier			■	■					■
Chesapeake Bay Retriever	■				■		■		
Chihuahua			■	■					■
Chow-Chow		■		■					■
Cocker Spaniel			■	■				■	
Collie	■				■		■		
Dackel	■				■				■

Rasse	Temperament			Erziehbarkeit			Aggressivität		
	gering	mittel	hoch	gering	mittel	hoch	gering	mittel	hoch
Dalmatiner			■		■				■
Deutsch Kurzhaar	■				■		■		
Deutscher Schäferhund	■				■				■
Dobermann		■				■			■
Dogge	■			■					■
Englische Bulldogge	■			■				■	
Engl. Springer-Spaniel			■			■		■	
Foxterrier			■	■					■
Golden Retriever	■				■		■		
Irish Setter			■	■				■	
Keeshond	■				■		■		
Labrador Retriever	■				■		■		
Lhasa Apso			■	■				■	
Malteser			■	■				■	
Mops			■	■				■	
Neufundländer	■					■		■	
Norwegischer Elchhund	■			■					■
Pekinese			■	■				■	
Pudel			■			■		■	
Rottweiler	■					■			■
Samojede	■			■					■
Scotch Terrier			■		■				■
Sheltie			■			■		■	
Shi Tzu			■			■		■	
Siberian Husky	■			■					■
Silky Terrier	■				■				■
Spitz			■	■				■	
Vizsla	■					■	■		
Weimaraner			■	■				■	
Welsh Corgi	■					■		■	
West Highland Terrier			■		■				■
Yorkshire Terrier			■	■				■	
Zwergschnauzer			■		■				■

Wunsch- und Fehlverhalten des Hundes

Wunsch-verhalten	Förderung	Fehlverhalten	Ursache	Korrektur
Besitzer und Familienmitglieder werden voll akzeptiert; Fremden gegenüber neutral bis freundlich	alle Personen begegnen dem Hund mit liebevoller Konsequenz; Fremde dürfen Kontakt mit dem Hund aufnehmen	Dominanzanzeichen, Knurren, Schnappen, Beißen	unklare Rangbeziehungen	direkte oder indirekte Methode zur Stärkung der eigenen Dominanz
			zu große Nachsichtigkeit	mehr Strenge
			Überaggression des Rüden	Kastration
			körperliche Krankheiten	tierärztliche Behandlung
Verträglichkeit mit anderen Hunden; Einhaltung der sozialen Regeln im Hundeumgang	gute Sozialisierung des Welpen (Spielstunde), viel Umgang und Spielmöglichkeit mit anderen Hunden, Gruppenunterordnung	Kämpfe mit Hunden im gleichen Haushalt	unklare Rangbeziehungen	Hunde nicht trennen; Kastration des Unterlegenen
			falsches Verhalten des Besitzers	den Überlegenen bestärken; Kontrolle über Hunde verbessern
		Kämpfe mit fremden Hunden	Geschlechtsrivalitäten	Kastration, mehr Gehorsam
			schlechte Sozialisierung	Gehorsam!, viel Umgang mit freundlichen Hunden
			fehlende Beißhemmung gegenüber Jungtieren; ein großer sieht einen kleinen als Beute an	angeborenes Fehlverhalten, keine Korrektur möglich; mehr Gehorsam
angemessene Bewachung des Territoriums	Zugehörigkeitsgefühl vermitteln, für erwünschtes Warnverhalten loben	übermäßiges Bellen und Angriffe auf Personen	rassebedingte Disposition (Hirtenhundrassen!)	wenig Korrekturmöglichkeit; Versuch: Kontrollmöglichkeit erhöhen
			Hund fühlt sich als Rudelführer (Schutzfunktion), natürliche Aufgabe	eigene Dominanz erhöhen
			Ablehnung von fremden Besuchern	Umkonditionierung auf freundlicheres Verhalten
			übermäßige Erregung durch Besucher	systematische Desensibilisierung
jeder Kontakt des Besitzers zu anderen Menschen und Tieren wird akzeptiert	Hund darf am Leben des Besitzers teilnehmen, muß aber seine Grenzen akzeptieren	Eifersucht mit Drohen oder Angriff	erlernte Aversion	Umkonditionierung
			unbewußte Unterstützung durch den Besitzer	Bewußtmachung und Änderung der eigenen Einstellung

Wunsch- und Fehlverhalten des Hundes				
Wunschverhalten	**Förderung**	**Fehlverhalten**	**Ursache**	**Korrektur**
Jogger und Radfahrer bleiben unbehelligt; Katzen und Wild werden nicht gehetzt	vom Welpenalter an erste Anzeichen von Jagdlust vehement unterbinden	Hetzen von sich schnell bewegenden Objekten; evtl. Angriff ohne Vorwarnung	natürliches Jagdverhalten (bei Windhunden kaum Korrekturmöglichkeiten)	mehr Gehorsam, systematische Desensibilisierung, Bestrafung
			gegen Katzen usw.: Raubzeugschärfe	im Jagddienst erwünscht, sonst wie oben
		heftige Verteidigung von »Beute« gegenüber anderen Hunden	natürliches oder übersteigertes Beuteverhalten	nie mehreren Hunden gleichzeitig ein Spielzeug zuwerfen
Umweltsicherheit ohne Aggression	Förderung des Welpen (Prägungszeit!); dem Hund allgemein Sicherheit vermitteln	Angstbeißen	Veranlagung und/oder schlechte Aufzucht	schlechte Aussichten; Versuch: Kastration
			keine Fluchtmöglichkeit	Hunde nicht in die Enge treiben
			physische Krankheit	Tierarztbesuch; Medikamente
allgemeine rassetypische Umweltsicherheit	Förderung des Welpen (Prägungszeit!); dem Hund allgemein Sicherheit vermitteln; nicht »bemuttern«, in Schrecksituationen nicht bemitleiden	Angst vor Geräuschen	versäumte Prägung	nur Linderung möglich, keine Heilung
			Schreckerlebnis	systematische Desensibilisierung
		allgemeine Unsicherheit; submissives (unterwürfiges) Harnen	Aufzuchtfehler und/oder Veranlagung	keine absolute Heilung möglich; Besserung durch Gewöhnung
			Anwesenheit dominanter Personen oder Hunde	Dominanzgesten unterlassen
man kann den Hund auch mehrere Stunden ohne Probleme alleine lassen	Gewöhnung vom Welpenalter an; Zeitdauer nur langsam steigern	Bellen, Heulen	»Ruf nach dem Rudel«	systematische Desensibilisierung
		Zerstörungen	Übersprungshandlung	
		Harnen und Koten in der Wohnung	Übersprungshandlung	
Beschäftigung nur mit erlaubten Gegenständen; keine Zerstörungen	Hund abwechslungsreiches Leben mit viel Familienanschluß bieten; schon Welpen lernen, was tabu ist	Beschädigungen (bei Trennung meist erst nach einiger Zeit; Unterschied zu Trennungsangst)	Langeweile und Bewegungsmangel	mehr Auslauf und eine Aufgabe für den Hund
			Zahnung beim Junghund	Kauknochen usw.
			ungewollte Konditionierung durch den Besitzer	Verhalten des Hundes nicht mehr mit Aufmerksamkeit bestätigen; allgemein mehr Zeit für den Hund aufwenden; Fernbestrafung

Wunsch- und Fehlverhalten des Hundes				
Wunsch-verhalten	**Förderung**	**Fehlverhalten**	**Ursache**	**Korrektur**
ruhiges Verhalten im Auto	frühe Gewöhnung; keine Fahrten direkt nach der Fütterung	Unruhe; Zerstörung der Innerverkleidung; evtl. Angst	Erregung durch Fahrlust	systematische Desensibilisierung
			Frustration wegen Unerreichbarkeit während der Fahrt sichtbarer Situationen und Gegenstände	eventuell eine sichtdichte Box
			Verknüpfung mit besonders an- bzw. unangenehmen Zielen einer Fahrt	Hund vermehrt auch zu anderen Zielen mitnehmen
			Übelkeit	Fahrt nicht direkt nach Fütterung; Medikamente
keine Aufnahme von Kot	strenges Verbot vom Welpenalter an	Kotfressen	angeborenes Verhalten (Säuberung des Welpennestes)	Aversionstherapie
			Hang zum Aasfressen; Nährstoffmangel	
			Langeweile	
			Hund möchte Aufmerksamkeit erregen	
kein unerlaubtes Entfernen von Haus und Garten und während des Spaziergangs	Hund soziale Sicherheit geben; Erziehung!	Weglaufen und Streunen	Langeweile und Bewegungsdrang	mehr Auslauf und Beschäftigung
			mangelnde Dominanz des Halters	eigene Dominanz erhöhen; Gehorsams-übungen; Bestrafung
			Verlassenheitsgefühl	systematische Desensibilisierung
			soziale Frustration	mehr Familienanschluß
			Geschlechtstrieb	Kastration
			mangelnde Sozialisierung in der Jugendzeit (Zweite-Hand-Hunde)	nur Teilerfolge möglich!
			Jagdtrieb (Wildern)	Bestrafung

Sinnvolle Beschäftigung für den Hund					
Beschäfti-gungsart	geeignet für	Verein oder Helfer nötig	Zeitaufwand	bes. Anforde-rungen an den Hundeführer	geistige Förderung des Hundes
Prägungstage und Welpen-grundkurs	alle Hunde	ja	in der Regel 1–2 mal/Woche	bei fachkundiger Betreuung: keine	außergewöhnlich hoch
Erziehungskurs in Hundeschule	alle Hunde	ja	1–2 mal/Woche; Kompaktkurse	Ausdauer und Konsequenz	besonders hoch
Versteckspiele mit Menschen	kontaktfreudige Hunde	eventuell	gering	keine	normal
Versteckspiele mit Objekten	Hunde mit viel Beutetrieb	nein	gering	keine	normal
Ball- und Frisbeespiele	alle bewegungs- und ap-portierfreudigen Hunde	nein	gering	keine	normal
Fährtenarbeit	Nasenspezialisten (Gebrauchs-, Jagdhunde)	eventuell	sehr hoch	Spezialkenntnisse	besonders hoch
Schutzhunde-sport	alle Dienst- und Gebrauchshunderassen	ja	sehr hoch	Spezialkenntnisse	besonders hoch
Agility und Turnierhunde-sport	bewegungs- und springfreudige Hunde mittlerer Größe (Kleine = Mini-Agility)	ja	hoch	Ausdauer und Spezialkenntnisse	besonders hoch
Tricks	alle lernfreudigen Hunde	eventuell	ja nach Anspruch	besondere Kennt-nisse des Lernvor-gangs beim Hund	je nach Anspruch
Hüten und Treiben	Hütehundrassen (Border Collie); Schweizer Sennenhunde	eventuell	hoch	Spezialkenntnisse	besonders hoch
Bewachen	Dienst- und Gebrauchs-hunde; Hirtenhunde; Spitz; viele Terrier; Bernhardiner	nein	gering	keine	normal
Jagd	alle Jagdhunde	ja	sehr hoch	Jagdschein (auch für Ausbildung!)	besonders hoch
Ziehen von Schlitten/Wagen	große, starke Hunde	nein (außer Sport)	hoch	Spezialkenntnisse nur für Sport	normal
Rettungsdienst	ideal: 50–60 cm Schul-terhöhe; nervenfest; gute Nase; ausdauernd; kontaktfreudig	ja	extrem hoch	umfangreiche Spezialkennt-nisse; physische und psychische Belastbarkeit	außergewöhnlich hoch

➤ International

Fédération Cynologique
International (FCI)
13 Place Albert 1
B- 6530 Thuin

➤ Deutschland

Verband für das Deutsche
Hundewesen e.V. (VDH)
Westfalendamm 174
D- 44141 Dortmund
(oder Postfach 10 41 54,
D- 44041 Dortmund)
Tel. 0231/ 56 50 00
Fax 0231/ 59 24 40

Deutscher Verband der
Gebrauchshundesportvereine e.V.
(DVG)
Geschäftsstelle:
Gustav-Sybrecht-Straße 42
D- 44536 Lünen

Jagdgebrauchshundverband e.V.
Geschäftsführer
Dr. Lutz Frank
Neue Siedlung 6
D- 15938 Drahnsdorf

Bundesverband für das
Rettungshundewesen e.V. (BRH)
Präsident: Uwe Knaak
Holthoffstraße 11
D- 45659 Recklinghausen
Tel. 02361/ 2 15 84
Fax 02361/ 10 83 11

➤ Österreich

Österreichischer Kynologen-
verband
Johann Teufelgasse 8
A- 1238 Wien
Tel. 0222/ 88 70 92-3
Fax 0222/ 88 92 621

Österreichische
Rettungshundebrigade (ÖRHB)
Gallgasse 17
A- 1130 Wien
Tel. 0222/ 80 42 912
Fax 0222/ 80 45 210

➤ Schweiz

Schweizerische Kynologische
Gesellschaft (SKG)
Societe Cynologique Suisse (SCS)
Langgaßstraße 8
Postfach 8217
CH- 3001 Bern
Tel. 031/ 23 58 19
Fax 031/ 24 02 15

V.I.E.T.A.
(Berufsverband der tierpsycho-
logischen Berater/innen)
Postfach 32
CH- 8816 Hirzel

Die Deutsche Bibliothek –
CIP-Einheitsaufnahme

Wegmann, Angela:
Wenn mein Hund nicht hören will :
praktische Hilfe bei Verhaltensproblemen /
Angela Wegmann. –
München ; Wien ; Zürich : BLV, 1998
 ISBN 3-405-15295-X

BLV Verlagsgesellschaft mbH
München Wien Zürich

80797 München

© 1998 BLV Verlagsgesellschaft mbH,
München

Einbandgestaltung: Studio Schübel, München
Layout, Satz und Zeichnungen:
Atelier Steinbicker, München
Lektorat: Dr. Friedrich Kögel
Herstellung: Sylvia Hoffmann
Druck: Appl, Wemding
Bindung: Sellier, Freising
Gedruckt auf chlorfrei gebleichtem Papier

Printed in Germany · ISBN 3-405-15295-X

Bildnachweis
Einbandfotos: Angela Wegmann

Alle Fotos: Angela Wegmann, außer
S. 81: Reinhard
S. 114: Juniors / J. u. P. Wegner

Der richtige Umgang mit dem Hund

Bruce Fogle
Hunde richtig erziehen
Für den verständnisvollen
Umgang mit dem Hund: sanfte
Erziehungsmaßnahmen und
Korrektur schlechter Angewohn-
heiten – mit über 450 aussage-
kräftigen Farbfotos Schritt für
Schritt leicht nachzuvollziehen.

Bruce Fogle
**Hunde kennen und
verstehen**
Hunde verstehen wie nie zuvor:
liebenswerter und informativer
Bildband, der faszinierende Einblicke in Leben, Verhalten, »Sprache« und Rituale der Hunde bietet.

Bruce Fogle
**Die BLV Enzyklopädie der
Hunde**
Die einzigartige, umfassende
Dokumentation mit über 1500
Farbfotos: die gesamte Entwick-
lungsgeschichte des Hundes,
detaillierte Beschreibungen von
über 400 Rassen aus aller Welt
mit Angaben zu Herkunft,
Geschichte, Merkmalen und Tem-
perament sowie eine Fülle von
praktischen Ratschlägen.

Katharina von der Leyen
Charakterhunde
140 Rassen und ihre Eigenschaften
Bei jeder Rasse: Pflegeaufwand,
Auslauf, Eignung für Stadtwoh-
nungen, häufige Krankheiten
Einblicke in Hundeseelen:
die Charaktere der beliebtesten
Rassen – brillant beschrieben,
pointenreich, fesselnd, fundiert.

Angela Wegmann
Hunde richtig halten
Anschaffung, Pflege, Erziehung
Entscheidungshilfen für den Kauf
der geeigneten Rasse und wich-
tiges Basiswissen für den art-
gerechten Umgang mit dem Hund.

---

*Im BLV Verlag
finden Sie Bücher
zu folgenden Themen:* Garten und Zimmerpflanzen • Wohnen und Gestalten • Natur • Heimtiere • Jagd •
Angeln • Pferde und Reiten • Sport und Fitneß • Tauchen • Reise • Wandern,
Alpinismus, Abenteuer • Essen und Trinken • Gesundheit und Wohlbefinden

Wenn Sie ausführliche Informationen wünschen, schreiben Sie bitte an:
**BLV Verlagsgesellschaft mbH • Postfach 40 03 20 • 80703 München
Telefon 089 / 127 05-0 • Telefax 089 / 127 05-543**